O CÓDIGO DAS FINANÇAS

ESTRATÉGIAS PARA VENCER NO JOGO DA RIQUEZA E DOS NEGÓCIOS

EDITORA CHAVE MESTRA®

EDITORA CHAVE MESTRA®

Av. Marcos Penteado de Ulhoa Rodrigues,
1119 – Tamboré, Alphaville – SP,
Ed. Office Shopping Tamboré –
Andar 21 – Sala Chave Mestra
CEP. 06460-040
@editorachavemestra
editora@editorachavemestra.com.br
www.editorachavemestra.com.br

DIREÇÃO EDITORIAL
Raquel Medeiros

COORDENAÇÃO EDITORIAL
Bartira Costa Neves

EDITORIA JR.
Larissa Robbi Ribeiro

ASSISTÊNCIA EDITORIAL
Amanda Karine Grossel
Eloiza Andrade
Flávio Alfonso Jr.

REVISÃO
Daniela Franco
Luiza Tenuta

DIAGRAMAÇÃO E PROJETO GRÁFICO
Weslei Eugênio

***BRANDING* DE CAPA**
Jônatas Nuno Leite

Título original em português:

O código das finanças:

estratégias para vencer no jogo da riqueza e dos negócios

Dados Internacionais de Catalogação na Publicação (CIP)

Vale, Rogério (Organizador)

V149 O código das finanças: estratégias para vencer no jogo da riqueza e dos negócios / Rogério Vale (org.) – Barueri, SP. Chave Mestra Editora, 2025. 232 p. : 16 x 23 cm

ISBN 978-65-5496-116-5

1. Mentalidade financeira. 2. Finanças. 3. Desenvolvimento pessoal. 4. Riqueza. 5. Sucesso nos negócios. 6. Finanças pessoais. I. Título.

CDD 158.1

O CÓDIGO DAS FINANÇAS

ESTRATÉGIAS PARA VENCER NO JOGO DA RIQUEZA E DOS NEGÓCIOS

APRESENTAÇÃO

Falar sobre dinheiro é, quase sempre, falar sobre escolhas, limites, medos e oportunidades. Mais do que cifras, finanças envolvem comportamento cultura, mentalidade e visão de futuro. E foi com essa consciência que nasceu este livro: da reunião de vozes diversas, com experiências reais e trajetórias únicas, que decidiram compartilhar aquilo que não se aprende facilmente nos bancos da escola, mas que faz toda a diferença na vida pessoal e nos negócios.

Código das finanças: estratégias para vencer no jogo da riqueza e dos negócios reúne saberes de profissionais, empreendedores e estudiosos que atuam diretamente nos bastidores do sucesso financeiro — não aquele idealizado, mas o que é construído com planejamento, enfrentamento de desafios, erros corrigidos e decisões conscientes. Cada coautor oferece nesta obra uma perspectiva própria, abordando temas que, em conjunto, formam uma verdadeira arquitetura do crescimento financeiro.

Neste conteúdo plural, você encontrará reflexões sobre a psicologia do dinheiro, armadilhas emocionais como medo e ganância, bem como os pilares que sustentam uma vida financeira saudável: desde o controle de dívidas, a criação de reservas e a inteligência nos investimentos, até estratégias para alavancar negócios e transformar conhecimento em lucro.

Aqui há espaço, também, para temas muitas vezes negligenciados: o impacto das crenças limitantes, o papel da generosidade na abundância, o poder feminino nas finanças e a importância de construir uma relação emocionalmente equilibrada com o dinheiro. São capítulos que provocam, inspiram e, acima de tudo, mostram que a prosperidade começa dentro — na mente, nos hábitos e na forma de pensar o valor.

Este livro não entrega uma fórmula única, porque ela não existe. O que ele propõe é um mosaico de estratégias, vivências e aprendizados que ajudam a ampliar a consciência financeira e a capacidade de decisão de quem o lê. Não importa se você está começando agora ou buscando refinar sua jornada, este é um convite à autonomia, para que, ao seu modo, possa construir riqueza com mais propósito, equilíbrio e visão de longo prazo.

Ao final da leitura, talvez você não veja o dinheiro da mesma forma. E é exatamente essa a intenção.

Saia do piloto automático e aproveite a leitura!

EDITORA
CHAVE MESTRA®

IDEC
INSTITUTO
DE DESENVOLVIMENTO
COMPORTAMENTAL

SUMÁRIO

Aline Messi

Sou Aline Messi, natural de uma pequenina cidade chamada Boa Esperança do Sul/SP. Não trabalho lá, mas é onde moro, rodeada de aconchego e muito amor pela minha família e bons amigos.

Desde a infância, adorava rascunhar – um pedaço de papel e um lápis eram suficientes para sair um trechinho de poesia, um desenho ou um sonho qualquer. Na faculdade, cursei Jornalismo – Comunicação Social. Escrevi, gravei, diagramei, entrevistei, mas as oportunidades me levaram para outros caminhos e, desde então, dedico-me a ouvir, entender, estudar e me certificar para atender meus clientes e mentorados de forma genuína nesta jornada desafiadora e encantadora que é o mercado financeiro. Nisso, passaram-se quase vinte anos de experiência.

Ajudar na construção do futuro e no planejamento financeiro e montar um portfólio adequado ao desejo único de cada cliente é o meu objetivo.

alinemessi__

Aline Bonaquista Messi, CEA

O CÓDIGO DAS FINANÇAS

1 PSICOLOGIA DO DINHEIRO E COMPORTAMENTO HUMANO

Por Aline Messi

Se você sair daqui com um genuíno desejo e o sentimento de esperança de que tem o poder de reescrever sua história financeira, toda a minha dedicação para entregar esta narrativa, que prometo ser leve, reflexiva e envolvente, já valeu.

Este capítulo não é apenas informativo, ele é transformador! É um convite, um chamado para que você reconheça as raízes invisíveis que afastam você de investir, para que possa cortar o ciclo da escassez que não começou – mas que pode terminar – em você.

Acima de tudo, é um convite para que você volte a acreditar que merece e pode prosperar; que há um investidor aí dentro, só esperando a permissão para existir: porque ninguém investe de verdade enquanto se sente pequeno demais para ter, para crescer, para multiplicar.

Feridas invisíveis da escassez: você tem?

Já ouviu falar sobre as feridas invisíveis da escassez interna? A falta de permissão para prosperar começa discreta e silenciosa, como um pequeno incômodo ao falar sobre investir, um estranho sentimento ao pensar em uma vida mais próspera; com o tempo, essa sensação se torna padrão, e esses padrões se tornam cicatrizes que passam a definir suas escolhas e seu futuro.

Com isso, surge também a construção silenciosa da autoimagem financeira. Uma pessoa com a autoestima fragilizada carrega um fardo pesado mesmo sem saber de onde vem esse sentimento – ela simplesmente sente e acredita que esse é um sentimento natural, mas não é. Ela tem dificuldades em cobrar pelo próprio serviço, sentem-se culpadas em receber dinheiro, evitam conversas sobre finanças, imaginam que precisam se sacrificar para serem valorizadas, entre outros incômodos.

O investidor que mora dentro de você

A maioria das pessoas não investe porque não acredita que pode investir; não é por falta de conhecimento, mas por falta de permissão interna.

Existe uma voz, sutil e silenciosa, que nos acompanha desde cedo. Ela não aparece nos extratos bancários, mas está em cada escolha de consumo impulsivo, em cada parcela feita no automático, em cada justificativa para não guardar dinheiro esse mês – "só esse mês".

Vale a reflexão: a maioria das pessoas não acredita que pode investir, mas acredita que pode gastar antes de poupar. São pessoas que presumem que podem comprar no crédito porque o salário do mês que vem cobrirá; que podem comprar mesmo sem precisar, pois sabem que têm saldo em conta e, por isso, criam uma oportunidade de gastar, para satisfazer algo que às vezes nem elas sabem o que de fato é. Isso não é sobre matemática, é sobre identidade, sobre comportamento.

Transformando consciência em ação

Agora que você entendeu que a escassez não está apenas na conta bancária, mas na mente e no coração, é hora de dar um passo além: transformar a reflexão em movimento.

Prosperar não é um acontecimento. É um posicionamento interno. E todo posicionamento pode ser treinado.

Os exercícios a seguir não são mágicos, mas são potentes. Eles servem para acessar partes inconscientes da sua história financeira e reprogramar, com gentileza e consciência, a forma como você se relaciona com o dinheiro e a prosperidade.

<u>Escrevendo a sua história</u>

Pegue papel e caneta, bloco de notas, ou o celular para gravar um áudio para você mesmo. Faça uma análise sincera e sem julgamentos (eu sei que pode doer, mas confie em mim, é preciso). Escreva ou fale os seus incômodos em relação ao dinheiro: você realmente conquistou até agora a vida abundante que verbalizava ter quando era criança?

Um parêntese aqui: nascemos com mentes prósperas. Com o passar do tempo, aprendemos a fazer contas, mas ninguém nos ensina a pensar sobre dinheiro, muito menos a sentir o que ele representa. A maioria de nós cresceu ouvindo frases soltas, ditas sem muita consciência, mas que criaram raiz.

O que você ouvia sobre dinheiro na infância? Quem eram os "ricos" na sua visão infantil? E como você os via? O que você acredita que o dinheiro "diz" sobre você?

Escreva a sua história financeira, desde seu primeiro emprego, seus medos e suas coragens, seus desafios e suas conquistas. Relembre o dia que você se emocionou e se sentiu grato por alguma superação. Vai, pense! Todo mundo tem histórias nobres e enriquecedoras para contar, nós só nos esquecemos delas às vezes. Fale, verbalize e relembre o caminho que **você** construiu.

Todo mundo tem uma "gaveta de bagunça" – além das que tenho na casa dos meus pais e na minha, sabe onde há outra? Dentro de mim! Todos temos essa gaveta cheia de coisas que às vezes não fazem mais sentido, não cabem mais, mas ainda estão ali. Vamos abri-la?

Não quero números exatos, mas eu quero fazer uma provocação: desde que você começou a sua vida financeira ativa, quanto dinheiro passou pelas suas mãos? Coloque a média do seu salário vezes o tempo de trabalho – não se esqueça de promoções, bônus, renda extra. Desse valor, quanto você conseguiu poupar? Quanto será que você teria hoje? Será que precisamos de tudo o que gastamos ou gastamos para preencher vazios?

Abra espaço para entender o seu "eu sabotador"

Imagine que você está diante de uma versão sua que sempre o impede de investir, de guardar, de prosperar.

O que ela diz para convencê-lo a não mudar? Qual é a dor por trás da resistência? O que ela está tentando proteger?

Acolha agora essa versão, agradeça a ela por querer proteger você, mas comunique, com amor e firmeza, que agora você está pronto para assumir um novo caminho.

Alguns comportamentos que devem ser observados para identificar a autossabotagem disfarçada são: gastos compulsivos e emocionais, falta de planejamento "inconsciente", procrastinar para abrir o aplicativo da conta ou do cartão de crédito porque sabe que já está no vermelho, procrastinar para aprender sobre investimentos, entre outros, e tudo isso gera dopamina, gratificação instantânea e o ciclo de "recompensa".

Eu poderia, sim, ficar horas aqui fazendo cálculos e planilhando seu futuro, mostrando como os aportes mensais e a magia dos juros compostos podem edificar sua vida financeira, mas eu estaria pulando etapas. De nada adianta eu mostrar números se a sua mente não está preparada para viver essa realidade.

Porém, há uma boa notícia: dá para mudar. Mas não com uma planilha – com autoconhecimento.

Você só vai reconstruir seus padrões e vieses de comportamento que o sabotam o tempo todo se você se sentir incomodado. Se você de fato se entregou e se permitiu fazer a reflexão dos simples exercícios propostos anteriormente e conseguiu olhar para a sua história com respeito e carinho, conseguindo entender que você merece muito mais do que tem, prepare-se, porque essa é a virada de chave na sua vida.

Incomode-se em viver sempre no quase. Pare definitivamente de se autossabotar e se mimar com coisas de que você não precisa, que só servem para massagear o seu ego e inseri-lo e encaixá-lo em lugares e pessoas que você julga serem importantes. A autossabotagem faz com que a gente viva sempre no "quase" – quase consegue guardar, quase começa a estudar, quase investe. Olhando para você hoje e para tudo que você passou, sacrificou e conquistou, você merece viver no "quase"?

O seu incômodo é a sua engrenagem. O que acha de convidar o investidor que mora dentro de você para sentar-se à mesa e tomar um café? Tenho certeza de que vocês têm muito para conversar.

Uma nova narrativa começa aqui

Toda história pode ser reescrita – desde que a gente esteja disposto a ouvir a versão que temos contado a nós mesmos.

O primeiro passo não é aprender sobre fundo de investimento ou o melhor momento de comprar uma ação, é aprender a se olhar com mais generosidade e perguntar, com sinceridade: "Por que ainda não me permiti ter mais?".

A resposta, muitas vezes, não vem da mente, mas da alma.

O compromisso de 7 dias: você vai se permitir ou se sabotar?

Durante os próximos sete dias, escolha uma pequena ação diária para reafirmar seu novo posicionamento interno.

Alguns exemplos: abra seu extrato com consciência, sem julgamento; por curiosidade, pesquise sobre algum tipo de investimento, recuse uma compra impulsiva e anote como se sentiu; escreva todos os dias uma frase que reforce sua nova identidade financeira; vale também mudar a foto de capa do seu celular para uma com frase ou imagem motivadora (eu sempre faço isso).

A ideia aqui é treinar o cérebro para criar novos caminhos de comportamento. Esses exercícios não servem para tornar você um *expert* em finanças. Eles servem para reconectá-lo com a versão mais sábia e abundante que já existe dentro de você.

Permitir-se prosperar: um ato de coragem

Agora você já sabe que a falta de investimentos na sua vida nunca foi sobre números, foi sobre permissão.

Permissão para ser alguém que cuida, que escolhe. Que diz "não" para o impulso e "sim" para o futuro. Que se vê digno de ter, de multiplicar, de expandir. Você não nasceu com uma identidade escassa, ela foi aprendida, e tudo o que foi aprendido pode ser reescrito.

A cada escolha consciente, a cada pequeno hábito que honra seu valor, você comunica ao seu cérebro – e à sua história – que está pronto para viver diferente. É sobre parar de se esconder da vida que você quer viver.

Investir é confiar, e confiar é um ato de amor. Primeiro, por você; depois, pelo que você pode criar a partir disso.

Portanto, guarde isso com você: o mundo precisa de mais gente consciente, livre e emocionalmente pronta para prosperar. E você pode ser essa pessoa. Você já é. Agora, só falta se permitir.

E não se esqueça: seu propósito é sua dor. Seu incômodo é sua engrenagem. Há um investidor dentro de você, só esperando permissão para existir, porque ninguém investe de verdade enquanto se sente pequeno demais para ter, para crescer, para multiplicar.

Eu estou aqui para acolhê-lo; não para dar colo, mas para pegar na sua mão e guiá-lo. O meu maior presente é saber o quanto esse momento que passamos juntos – abrindo feridas, organizando gavetas, refletindo e mudando a lente da sua vida – o impactou e ajudou a se permitir ser, ter e multiplicar tudo aquilo que agora você resgatou dentro de si.

Espero por você!

“Seu incômodo é sua engrenagem. Ninguém investe de verdade enquanto se sente pequeno demais para ter, para crescer, para multiplicar.”

Aline Messi

Aline Silva

Desde os 14 anos, no primeiro emprego de guarda mirim, sou apaixonada pela gestão financeira. Com vinte anos de experiência, formei-me em Ciências Contábeis, com pós-graduação na Universidade de São Paulo (USP) e MBA na Fundação Getulio Vargas (FGV). Após estudar no exterior, superei o desafio de recomeçar a carreira, tornando-me referência em finanças empresariais. Criei o método Mentalidade Financeira Lucrativa, com o qual ajudo empresários a estruturar suas finanças e maximizar os lucros de suas empresas. Com um estilo direto e prático, ensino o empresário a tomar decisões embasadas em dados, garantindo crescimento sustentável. Meu maior orgulho é ver empresários ganhando clareza financeira e autonomia. Meu conselho? Pare, pense, estude e tome a decisão correta.

alinesilva.consultoria

www.metodomfl.com

www.alinesilvaconsultoria.com.br

O CÓDIGO DAS

FINANÇAS

2 SEM CAIXA, SEM NEGÓCIO: A VERDADE QUE NINGUÉM CONTA

Por Aline Silva

Eu costumo dizer que “caixa é rei”. A empresa pode ter lucro, fazer boas vendas, mas se não controla o fluxo de caixa, pode quebrar. O fluxo de caixa é um dos pilares da gestão financeira empresarial. Ele representa a movimentação de todo dinheiro na empresa, registrando entradas e saídas em um período. Sem um controle eficiente do fluxo de caixa, até negócios lucrativos podem enfrentar dificuldades para pagar contas e honrar compromissos.

Este capítulo aborda a importância do fluxo de caixa, como analisá-lo e garantir a liquidez da empresa, sua relação com o planejamento financeiro e exemplos práticos para seu melhor entendimento.

Muitos empresários confundem lucro com disponibilidade de dinheiro. Uma empresa pode ser lucrativa no papel e, ao mesmo tempo, não ter caixa suficiente para pagar salários e fornecedores. Isso acontece porque o lucro é um conceito contábil, enquanto o fluxo de caixa reflete a realidade financeira da empresa. Implantar um fluxo de caixa organizado permite:

- antecipar problemas financeiros, identificando períodos em que o dinheiro será escasso e possibilitando a tomada de decisões estratégicas com antecedência;
- melhorar a tomada de decisões, ajudando o empresário a decidir se deve adiar investimentos, renegociar prazos com fornecedores ou buscar capital de giro;
- evitar surpresas desagradáveis, como contas a pagar que não foram previstas e que podem comprometer o funcionamento da empresa;
- aprimorar a gestão de recebíveis, que são vendidos a prazo, garantindo que os recebimentos sejam compatíveis com as obrigações financeiras futuras.

Registre todas as movimentações financeiras, crie uma planilha ou utilize um sistema de gestão para registrar todas as entradas e saídas de dinheiro. O ideal é categorizar as movimentações, separando os pagamentos de fornecedores, impostos, folha de pagamento e demais despesas fixas e variáveis. Analise a liquidez da empresa para medir sua capacidade de pagar as obrigações a curto prazo.

Exemplo de boa liquidez corrente

Uma loja de materiais de construção tem R$ 300 mil em ativos circulantes e R$ 150 mil em passivos circulantes.

Liquidez corrente = 300.000 ÷ 150.000 = 2,0.

Ou seja, a empresa tem o dobro dos recursos necessários para pagar suas dívidas de curto prazo, indicando baixo risco financeiro.

Exemplo de baixa liquidez corrente

Uma indústria de confecções tem R$ 80 mil em ativos circulantes e R$ 100 mil em passivos.

Liquidez corrente = 80.000 ÷ 100.000 = 0,8.

Isso significa que, para cada R$ 1 de dívida, há apenas R$ 0,80 disponíveis, podendo gerar dificuldades se não houver aumento do capital de giro ou antecipação de recebíveis.

Exemplo de baixa liquidez imediata

Um supermercado tem R$ 500 mil em ativos circulantes, mas apenas R$ 30 mil em caixa, enquanto seu passivo circulante é R$ 200 mil.

Liquidez imediata = 30.000 ÷ 200.000 = 0,15.

Ou seja, apenas 15% das dívidas podem ser pagas imediatamente, tornando o negócio dependente de vendas a prazo.

Preveja os próximos períodos com base nos dados históricos e projete o fluxo de caixa para os próximos meses. Isso permite planejar pagamentos, antecipar necessidades de capital e evitar surpresas. Identifique padrões e sazonalidade; alguns negócios têm períodos de maior ou menor faturamento. Por exemplo, uma loja de artigos de praia pode vender muito mais no verão do que no inverno. Identificar esses padrões permite criar reservas financeiras para os meses de baixa receita.

Fluxo de caixa e planejamento financeiro

O fluxo de caixa não é apenas um controle operacional, mas uma ferramenta estratégica dentro do planejamento financeiro. Empresas que mantêm um fluxo de caixa bem estruturado conseguem:

- definir metas financeiras realistas: sem conhecer a realidade financeira, é impossível criar objetivos alcançáveis;
- evitar endividamento desnecessário: se a empresa sabe quando terá caixa disponível, pode planejar investimentos sem precisar recorrer a empréstimos;

- melhorar negociações com fornecedores e clientes: empresas organizadas financeiramente conseguem prazos melhores com fornecedores e evitam depender de clientes inadimplentes;
- garantir crescimento sustentável: crescer sem planejamento pode ser arriscado. O fluxo de caixa ajuda a determinar quando a empresa pode expandir sem comprometer sua saúde financeira.

Exemplo prático de fluxo de caixa

Montar um fluxo de caixa não precisa ser complicado. Vou demonstrar passo a passo para criar uma tabela simples, prática e eficiente, que permitirá acompanhar suas entradas e saídas de dinheiro.

Estrutura básica da tabela

Você pode montar sua tabela em um caderno, planilha ou sistema de gestão. A estrutura básica tem as seguintes colunas:

- data: registre o dia de cada movimentação financeira;
- descrição: identifique o tipo de entrada ou saída (p. ex.: venda de produto, pagamento de fornecedor, salário, aluguel);
- entradas: anote todos os valores que entram no caixa;
- saídas: registre todas as despesas pagas;
- saldo: calcule o saldo acumulado, somando as entradas e subtraindo as saídas do saldo anterior.

A importância do planejamento para evitar fluxo de caixa negativo

Fluxo de caixa negativo não significa necessariamente que a empresa esteja falindo, mas indica que algo precisa ser ajustado. Ao identificar essa situação com antecedência, o empresário pode tomar decisões estratégicas e evitar crises financeiras. A melhor forma de prevenir esses problemas é por meio de um planejamento financeiro sólido, que inclua:

- previsão de receitas e despesas para os próximos meses;
- monitoramento constante do fluxo de caixa para identificar tendências;
- manutenção de uma reserva financeira para emergências;
- estratégias para reduzir custos sem comprometer a operação;
- política de cobrança eficiente para reduzir a inadimplência.

O que fazer quando o fluxo de caixa está negativo e a empresa está endividada?

Quando uma empresa enfrenta um fluxo de caixa negativo e está endividada, a situação exige medidas urgentes e bem planejadas. A dívida, se não gerenciada corretamente, pode comprometer a continuidade do negócio. O segredo está em equilibrar a redução de custos com o aumento de receitas, sem prejudicar a operação e a credibilidade da empresa.

Diagnosticar a origem do problema

Antes de agir, é fundamental entender a causa do fluxo de caixa negativo e do endividamento.

- O problema veio de uma queda nas vendas?
- A empresa assumiu dívidas sem planejamento?
- Os prazos de recebimento estão desalinhados com os prazos de pagamento?
- O crescimento foi acelerado demais e gerou um descontrole financeiro?

Assim, o empresário pode definir a melhor estratégia para reverter a situação.

Renegociar dívidas com fornecedores e bancos

Empresas endividadas precisam priorizar a renegociação de suas dívidas para aliviar a pressão sobre o caixa.

- Estender prazos de pagamento: em vez de pagar uma dívida à vista, negocie parcelamentos que reduzam a saída de caixa no curto prazo.
- Reduzir taxas de juros: se a empresa possui empréstimos com juros altos, ela pode tentar refinanciá-los por meio de linhas de crédito mais baratas.
- Evitar o efeito "bola de neve": se a empresa está pagando dívidas e contraindo novos empréstimos caros, é hora de parar e reavaliar a estratégia.
- Priorizar dívidas estratégicas: caso a empresa tenha vários tipos de dívida, o ideal é não deixar de pagar os fornecedores e parceiros principais, para que sua operação não pare.

Aumentar as receitas rapidamente

Além de cortar custos e renegociar dívidas, a empresa precisa gerar caixa de forma rápida. Algumas estratégias incluem:

- oferecer descontos para pagamentos à vista: pode ser mais vantajoso receber um valor menor imediatamente do que esperar meses por um pagamento parcelado;
- vender estoques parados: produtos que não giram são dinheiro parado. Liquidá-los pode ajudar a aliviar o caixa;
- criar promoções estratégicas: ações promocionais podem aumentar o faturamento a curto prazo, desde que bem planejadas;
- oferecer novos produtos ou serviços: avaliar oportunidades de venda que possam trazer um fluxo de caixa mais rápido.

Reduzir custos de maneira inteligente

Cortar custos é essencial, mas isso precisa ser feito com estratégia para não prejudicar a operação.

- Cortar gastos desnecessários: reduzir despesas administrativas, assinaturas de softwares pouco utilizados, viagens corporativas não essenciais, entre outros.

- Rever contratos com fornecedores: muitas vezes, fornecedores aceitam reduzir preços se houver uma negociação.
- Diminuir desperdícios: empresas industriais podem revisar seu consumo de matéria-prima, enquanto negócios de serviços podem otimizar o uso de recursos.
- Ajustar a equipe sem prejudicar a produtividade: em alguns casos, pode ser necessário reduzir horas extras ou reavaliar contratações, mas sem comprometer o atendimento ao cliente.

Criar um plano de recuperação financeira

Uma empresa que está endividada e com fluxo de caixa negativo precisa de um plano de recuperação para evitar repetir os mesmos erros. Esse plano deve incluir:

- análise detalhada do fluxo de caixa: saber exatamente quanto entra e quanto sai para evitar surpresas;
- definição de metas financeiras: estabelecer um prazo realista para equilibrar as finanças;
- monitoramento constante: avaliar os resultados e ajustar as estratégias conforme necessário;
- disciplina financeira: evitar novas dívidas desnecessárias enquanto o problema não for resolvido.

Fluxo de caixa negativo não é o fim, mas exige ação rápida

Ter um fluxo de caixa negativo e estar endividado não significa que a empresa está condenada ao fracasso. O que define a recuperação é a rapidez e a inteligência na tomada de decisões.

O empresário que reconhece o problema, age de forma estratégica e acompanha os números de perto tem mais chances de sair dessa situação e construir um negócio financeiramente saudável.

Se sua empresa está passando por dificuldades, o primeiro passo é assumir o controle do fluxo de caixa e tomar decisões conscientes para reverter a situação. Com planejamento e disciplina, é possível retomar o crescimento e garantir a sustentabilidade do negócio.

"Lucro no papel não salva empresas. Se o dinheiro não entra no caixa, a conta não fecha, o que torna boas vendas em grandes dívidas."

Aline Silva

Ana Paula Pavanatti

Sou Ana Pavanatti, de Florianópolis/SC, filha mais nova de empresários, casada com Alexandre Matos. Idealizadora da REORG Gestão Financeira. Desde 2013, atuo como educadora e mentora em gestão financeira e de negócios, ajudo pessoas a reorganizarem seus negócios e a mapearem suas finanças. Realizo atendimentos presenciais e on-line, sou desenvolvedora de infoprodutos voltados para organização financeira, voluntária no projeto Salto Aceleradora, onde realizo mentorias para mulheres. Graduada em Turismo, com especialização em Gestão de Negócios, e formação em FP&A e Controladoria, incentivadora de negócios. Amo viagens e empreendedorismo. Acredito na vida em movimento, na busca pela descoberta interior, e que empreender vai além da criatividade – é preciso controle constante para obter crescimento.

+55 (48) 99687-8284
anapaulapavanatti

O CÓDIGO DAS
FINANÇAS

3 EMPREENDEDORISMO E FINANÇAS: SUCESSO PARA O SEU NEGÓCIO

Por Ana Paula Pavanatti

Para falar de empreendedorismo e finanças, é preciso antes de tudo buscar informação sobre o mercado. Começo este capítulo compartilhando com você uma ação como mentora na área; uma das principais perguntas que faço ao mentorado é: qual o motivo que o leva a empreender?

Muitos tornam-se empreendedores por serem sucessores de atividades familiares, outros por buscarem realizar um sonho de infância; tem quem deseje ser independente e agir por conta própria, e tem também uma nova geração de empreendedores que surgiram após a crise econômica de 2020, com a pandemia. Um estudo do Serviço Brasileiro de Apoio às Micro e Pequenas Empresas (SEBRAE) (Brasil, 2024) aponta que cerca de 49,6% das atividades empreendedoras do Brasil surgiram por necessidade. Muitas pessoas perderam seus empregos e tiveram que buscar novos meios de fazer receita, para colocar comida na mesa e poder manter a moradia. Contudo, a recuperação do cenário econômico já é visível, com 61,4% dos novos empreendimentos em 2023 sendo fruto de oportunidades de mercado.

O Brasil registrou, em 2024, recorde de empreendedorismo, com abertura de mais de 3,3 milhões de novas empresas, segundo o Business Moment (Brasil, 2024), um *site* que fala de empresas, economia, carreiras e novas tendências de negócios.

A pesquisa menciona que a diversidade dos negócios digitais, como comércio eletrônico, está em alta. Empresas sustentáveis ganham espaço e visibilidade. As que investem em inovação têm vantagem competitiva. Empresas que promovem a diversidade e a inclusão e têm propósito social são reconhecidas e valorizadas. A demanda por produtos personalizados vem aumentando.

Além dos serviços de saúde em domicílio, que podem ser uma boa ideia de empreendimento lucrativo, estão em alta algumas áreas de negócio, como: alimentação saudável, academias, mercado de beleza, exportação e comércio eletrônico, setor de energia e painéis solares, *e-commerce* de produtos sustentáveis e veganos etc.

Em 2024, o Brasil registrou 874 mil novas microempresas, um crescimento de 21% em relação a 2023; 97,5% do total de empresas abertas no primeiro quadrimestre de 2024 foram microempresas ou empresas de pequeno porte (Brasil, 2024).

O pequeno empreendedor chega ao mercado de forma ousada, expansiva, com a informação na palma da mão. Com a internet e o *marketing* digital, ele executa o pensamento daquilo que deseja vender e tem o prazer de fazer, e passa a rentabilizar. Surge então um novo negócio.

Enquanto esse "novo negócio" acontece, emerge a necessidade de formalizar--se como empresa. Para se destacar nesse mercado, muitas pessoas buscam o conhecimento através dos estudos e também de profissionais especializados, já que empreender não é só ter criatividade e vender. Empreender exige que você saia da zona de conforto e saiba resolver situações inusitadas. E é nesse momento que entro em ação, quando o empreendedor fica no ponto cego do negócio e busca a mentoria para tirá-lo da miopia empresarial.

No universo do empreendedorismo, há muitos desafios a serem enfrentados, mas poucos são tão cruciais quanto a gestão financeira. Não importa se o seu negócio está apenas começando ou está consolidado: compreender e dominar as finanças é essencial para garantir crescimento, sustentabilidade e sucesso a longo prazo.

Gerir é o complemento de empreender, e vice-versa. Se você consultar o Google ou o ChatGPT, encontrará várias pesquisas sobre o tema. Mas trago uma explicação simples e esclarecedora, elaborada com a ajuda do ChatGPT: a diferença entre empreender e gerir está na essência das atividades e nas habilidades exigidas para cada uma dessas funções.

Empreender é o ato de criar, inovar e identificar oportunidades para transformar ideias em negócios. O empreendedor é movido pela visão de crescimento, assumindo riscos e buscando soluções para problemas do mercado. Ele está mais focado em estratégia, inovação e expansão.

Gerir é administrar e organizar os recursos do negócio para garantir sua sustentabilidade e eficiência. Gestão envolve controle financeiro, processos, equipe, metas e planejamento estratégico. Um bom gestor assegura que a empresa funcione de forma estruturada e saudável.

Em suma, o empreendedor inicia e impulsiona um negócio; o gestor cuida de sua operação e faz com que ele se mantenha e cresça de forma organizada. Em muitos casos, o empreendedor também precisa ser um bom gestor para garantir o sucesso da empresa.

Costumo dizer, e estudos também comprovam, que o comportamento pessoal influencia na administração das finanças, tanto no âmbito pessoal quanto no empresarial. Se a pessoa não é organizada nas contas pessoais, isso possivelmente irá se refletir nas contas da empresa.

Portanto, um ponto importante é a separação das finanças pessoais e empresariais. Muitos empreendedores caem na armadilha de misturar essas contas, dificultando a organização e comprometendo o controle financeiro. Estabelecer limites claros e utilizar ferramentas específicas para gestão empresarial são passos fundamentais para evitar esse erro.

A educação financeira também é uma aliada poderosa. Investir em conhecimento sobre finanças, seja por meio de cursos, mentorias ou leitura de materiais especializados, ajuda o empreendedor a entender melhor o mercado, identificar tendências e tomar decisões mais assertivas.

Minha experiência como gestora financeira me traz a certeza de que a área de exatas no negócio é um ponto que as pessoas não gostam e, assim, deixam de tratar quando a situação de entendimento dos resultados foge aos olhos, ou melhor, perdem o total controle das informações diárias e constroem um caos interno: pessoal e empresarial.

Empreender vai além de contas a pagar e receber, é preciso ter gestão, e isso envolve planejamento estratégico, análise de resultados, controle de fluxo de caixa e, acima de tudo, a habilidade de tomar decisões embasadas. Isso é o que diferencia o empreendedor que sobrevive daquele que prospera; fazer a gestão financeira leva o empreendedor a outro patamar nos negócios.

Para alcançar o sucesso, o empreendedor deve alinhar sua visão de negócio com metas financeiras claras. Ter um orçamento bem elaborado, prever receitas e despesas futuras, identificar oportunidades de investimento e minimizar desperdícios são pilares indispensáveis para que a empresa cresça de forma saudável.

Além disso, é essencial manter um olhar atento sobre os custos. Muitas vezes, pequenos ajustes em processos ou estratégias podem resultar em economia significativa e aumentar a margem de lucro. Por outro lado, negligenciar as finanças pode levar a problemas, como endividamento, falta de capital para reinvestir no negócio e até mesmo o fechamento da empresa. As pessoas perdem-se nas contas e nas informações e, como consequência, adoecem, isolam-se por terem vergonha e por não aceitarem ajuda para buscar uma nova alternativa de rumo e recomeçar uma nova jornada.

Enfim, empreendedorismo e finanças são temas fascinantes e essenciais para o sucesso de qualquer negócio. A chave está em saber equilibrar a inovação, o planejamento estratégico e a gestão eficiente dos recursos. Se você seguir estes passos, terá sucesso como empreendedor.

- **Planejamento financeiro:** um bom planejamento financeiro ajuda a prever gastos, definir metas e garantir que você tenha os recursos necessários para crescer. Você precisa saber aonde deseja chegar e como conseguirá atingir a sua meta. Considere criar um orçamento detalhado e revisar periodicamente suas finanças. Se não souber fazer isso por conta própria, contrate alguém com experiência na área, pois será um investimento a longo prazo.
- **Inovação e criatividade:** empresas de sucesso muitas vezes se destacam por suas abordagens inovadoras. Não tenha medo de experimentar novas ideias e tecnologias para melhorar seus produtos ou serviços. Esse ponto no negócio faz com que você pareça não estar estagnado e atrasado no tempo, e seus clientes irão perceber.
- **Gestão de recursos:** gerenciar bem seus recursos, sejam eles financeiros, humanos ou materiais, é crucial. Certifique-se de otimizar o uso de seus ativos e de treinar bem sua equipe. Quando você inicia seu negócio fazendo o mapeamento das informações, terá em mãos uma ferramenta preciosa que irá ajudar na tomada de decisões.

- ***Marketing* e vendas:** desenvolva estratégias eficazes de *marketing* para atrair e reter clientes. Entenda seu público-alvo e use diversas plataformas, como as mídias sociais, para se conectar com seus consumidores. Desenhe a jornada de experiência do seu cliente, crie processos, tenha pós-venda, invista; assim, você se destaca do concorrente e ganha visibilidade nos negócios.
- **Educação e capacitação:** invista em seu conhecimento e em treinamentos para sua equipe. Estar atualizado com as tendências do mercado pode fazer a diferença. O empreendedor que para no tempo e não acompanha as mudanças do mercado acaba tardando sua jornada. Você não precisa perder a essência do seu negócio nem aderir a tudo que está no mercado, mas saber o que está acontecendo faz com que você valide suas ações e fique por dentro do movimento dos negócios.
- ***Networking:*** construa uma rede sólida de contatos profissionais. *Networking* pode abrir portas para novas oportunidades e parcerias estratégicas. Juntos somos mais fortes, saiba aonde você pode ir e estar para ampliar seus contatos. Empreender é uma jornada, requer a manutenção de bons relacionamentos e o amadurecimento da forma como atuamos nos negócios.

Por fim, o empreendedorismo é, acima de tudo, sobre inovação e propósito. Quando bem geridas, as finanças proporcionam a base sólida para que você foque no que realmente importa: criar valor para seus clientes, expandir seus horizontes e realizar os sonhos que o motivaram a começar seu negócio.

O sucesso não é um destino, mas o resultado de um trabalho contínuo e equilibrado. Com o alinhamento entre empreendedorismo e finanças, o seu negócio estará preparado para enfrentar desafios e aproveitar as oportunidades que o mercado oferece.

BIBLIOGRAFIA

BRASIL. Ministério do Empreendedorismo, da Microempresa e da Empresa de Pequeno Porte (MEMP). *Mapa de Empresas*. Brasília, DF: MEMP, 2024. Disponível em: https://www.gov.br/empresas-e-negocios/pt-br/mapa-de-empresas. Acesso em: 2 maio. 2025.

“Empreender não é só ter criatividade e vender. Empreender exige que você saia da zona de conforto e saiba resolver situações inusitadas.”

Ana Paula Pavanatti

André Costa

Sou André Costa, natural de Londrina/PR e hoje resido em Maringá/PR. Sou casado com o amor da minha vida, Benelli Ramires, com quem tenho um filho de 2 anos chamado Theo, e agradeço a Deus todos os dias pela minha família.

Sou especialista em investimentos pela Anbima (CEA) e consultor da Comissão de Valores Mobiliários (CVM); tenho uma comunidade em que transformamos a vida financeira das pessoas, e faço *whealth*, gestão de riqueza e carteira isenta de conflitos de interesse.

Será uma satisfação compartilhar a jornada rumo à liberdade financeira que trilhei e que exponho de forma simples em minhas redes, relatando como, há treze anos, eu estava devendo, pagando boletos, e totalmente descontrolado financeiramente.

Problema relacionado a dinheiro não se resolve com dinheiro, e sim com mentalidade. Reprogramar para prosperar, vamos comigo nesta jornada?

andrefinancas
+55 (44) 99157-8707
andrefinancas

O CÓDIGO DAS
FINANÇAS

4 INVESTIMENTOS PARA INICIANTES: POR ONDE COMEÇAR?

Por André Costa

O ano era 2013; conheci quem seria minha futura esposa, Benelli, e tive uma surpresa: ela tinha 35 anos e não tinha casa própria. Logo pensei: "É muita derrota chegar nesta fase da vida e não ter um canto". Eu tinha um imóvel financiado e a julguei automaticamente.

Um dia, a questionei sobre esse *lifestyle*, e ela me explicou: "Tenho dinheiro investido que paga meu aluguel e ainda sobra, assim fico cada dia mais rica". Ela morava em um bom apartamento.

Parei, pensei, analisei, e mesmo assim achava um absurdo, mas, com o tempo, comecei a me interessar mais; afinal, ela é formada em economia, sabia o que estava fazendo.

Passado um tempo, aprendendo mais sobre o tema, entendi que os juros compostos estavam contra mim: todo mês eu pagava juros para o banco, visto que meu financiamento era pela tabela Sistema de Amortização Constante (SAC). Conclusão: acabei vendendo minha casa.

Nesse tempo, acabei entendendo o poder dos juros compostos e comecei a estudar mais sobre investimentos e reprogramar minha mente. Passei a investir no Tesouro Direto, o investimento mais seguro do Brasil, e peguei gosto ao ver o dinheiro se multiplicar. Íamos fazendo aportes regulares e, em 2015, compramos um apartamento que era nosso sonho, à vista, e ainda sobrou dinheiro investido.

Sem dívidas, continuávamos aportando, e eu seguia estudando, até que em 2018 decidimos vender nosso apartamento para investir e acelerar nossa independência financeira. Não recomendo a ninguém fazer essa manobra – eu estava pronto, por isso decidimos seguir em frente.

Em dezembro de 2019, vendemos nosso apartamento, à vista. Estávamos em Tulum, no México, de férias, quando recebi a TED. Na época, eu já havia planejado investir grande parte do montante, estava fazendo bem devagar – afinal, dinheiro não é batata quente.

Em março de 2020, tudo fechou devido à covid-19. Estávamos em Jericoacoara para o feriado de Carnaval. Naquele dia, Quarta-feira de Cinzas, a bolsa caiu mais de 10%, e ali começava a grande virada financeira da nossa vida.

Enquanto a covid-19 progredia – uma tragédia sem precedentes –, a bolsa despencava, e eu aportava. Até julho, eu tinha investido nosso apartamento. Assim, a magia aconteceu: eu comprei barato, logo, conquistei mais renda passiva, e a bolsa em dezembro passava dos 120 mil pontos. O valor do apartamento em 2021 havia se multiplicado por quatro. Mas isso não é para qualquer um; é preciso saber fazer, ter disciplina, foco e paciência.

Os investimentos mudaram tanto a minha vida, que eu não parava de estudar – sempre me dediquei e até hoje me dedico muito. Comprei mais de vinte cursos, criei meu perfil nas redes sociais e comecei o processo de abundância; fui tocando meu emprego e meu negócio, transformando a vida das pessoas – e isso é viciante.

Em 2022, minha renda passiva já havia passado minha renda ativa. Eu era CLT, e trabalhei grande parte da minha vida na indústria farmacêutica, onde tive a disciplina de nunca parar de aportar: bônus, 13º salário, tudo ia para a conta da corretora.

Quando conquistei minha liberdade financeira, pedi demissão e comecei a viver meu propósito de ajudar pessoas a trilharem o mesmo caminho, já que minha vida foi transformada pelo mercado financeiro. Olha só que maravilha: meu filho tinha três meses de vida, eu estava sem salário, mas tendo mais tempo livre, e minha esposa trabalhando também – aliás, esse foi um acordo nosso, um ajudando o outro, sempre evoluindo juntos.

Eu criei um método de ensino, validei-o e formei várias turmas. Pessoas que não tinham um real na conta, só dívidas, entenderam, trilharam o caminho e hoje colhem parte dessa jornada; e para você que está começando, vou mostrar o caminho agora.

Investimentos devem trazer paz e tranquilidade, essa é a primeira lição. Embora minha história aqui seja breve, já perdi muito dinheiro por falta de conhecimento. Se você quer começar, siga esta ordem:

1. Tesouro Selic: esse é o investimento mais seguro do Brasil atualmente; não tem risco de crédito, você empresta seu dinheiro para o governo, que

é dono da máquina de imprimir dinheiro, e ele vai pagá-lo. Existem vários títulos do Tesouro, mas o Selic é o mais conservador, pois não tem marcação a mercado. Os outros, como prefixado e índice de preços ao consumidor amplo (IPCA+), têm essa dinâmica. Se você não quiser se preocupar com isso, leve o título até seu vencimento, assim ele pagará o prometido; caso contrário, aprenda sobre o assunto.

2. Certificado de Depósito Bancário (CDB): aqui você empresta seu dinheiro para o banco. Escolha sempre bancos bons, sólidos, para trazer tranquilidade. O Fundo Garantidor de Créditos (FGC), é uma instituição privada, sem fins lucrativos, que atua como uma espécie de "seguro" para quem investe ou mantém dinheiro em bancos. Ele foi criado com o objetivo de proteger correntistas, poupadores e investidores, garantindo a devolução dos valores aplicados em caso de falência ou quebra da instituição financeira, até um limite determinado por CPF. Apesar disso, é importante verificar a reputação do banco antes de investir. Existe um *site* chamado Banco Data – basta pesquisar no Google, entrar, digitar o banco e você verá se ele tem lucro ou prejuízo; invista sempre em bancos que obtém lucro.
3. Letra de Crédito do Agronegócio (LCA) e Letra de Crédito Imobiliário (LCI): aqui você empresta seu dinheiro para um banco, igual ao CDB, mas o capital vai para os setores do agronegócio e imobiliário, por isso são isentos de IR, pois o governo entende que esses setores são de suma importância para o desenvolvimento do país. Nesses casos também há a atuação do FGC e a liquidez, ou seja, o prazo para você reaver seu investimento, é de nove meses, no mínimo.

Comece por esses três, se ainda não tem segurança, e vá estudando outros ativos, como fundos imobiliários, ações, investimentos no exterior etc.

A verdade é que quando você vê seu dinheiro crescendo e se multiplicando, seu humor melhora e, com ele, sua autoconfiança, seus relacionamentos, sua produtividade e sua vida como um todo.

A maioria das pessoas vive endividada, como um dublê de rico, de salário em salário, de renda em renda, mês a mês, só vivendo para pagar boletos. Se você tiver dez ou vinte mil na sua conta e não cair em tentação, como comprar um carro para se mostrar, você entendeu como isso funciona, e a vida rica espera por você.

Falando em riqueza, o que isso significa para você? Para mim, riqueza é liberdade, é estar onde estou por escolha e não condição, ter tempo livre com quem mais amo – minha família –, viajar, viver experiências mundo afora.

Aliás, foi justamente por esse motivo que comecei a investir. Apenas 1% da população acima dos 60 anos vive com seus próprios recursos, segundo o IBGE (Barros, 2021); o restante está no perrengue; basta olhar para o lado, para amigos e parentes aposentados, e ver: quantos desses se encontram em uma situação confortável financeiramente?

Você que está iniciando sua vida financeira precisa entender que, enquanto sua idade avança, sua capacidade física, intelectual e laboral diminui; logo, sua renda também. É lá na frente que você vai precisar de melhores condições financeiras. Se não investir, terá menos. Sendo assim, apresento algumas lições que entendi apenas durante a dor de vivê-las.

Carro é o maior dilapidador de patrimônio do brasileiro

A maioria das pessoas compra carro financiado. Paga-se R$ 300 mil por um carro de R$ 100 mil e, no final, vende-se por R$ 50 mil. Mas por que carro aqui é tão caro?

Quase 50% desse valor se deve aos impostos, e as montadoras sabem que, no Brasil, carro é sinal de *status*.

Aqui vai mais um alerta: sabe aquela taxa zero das propagandas? Ela não existe. Isso mesmo, eles já fazem o cálculo com todas as taxas previstas e falam que é taxa zero. Quer uma prova? Vá até a concessionária e pergunte o valor no PIX, depois, faça a simulação com taxa zero para ver a surpresa.

O INSS não vai salvar você

Você viveria hoje com R$ 1.800? Essa é a média que o INSS paga atualmente. Além disso, o déficit desse sistema passa dos R$ 24 bilhões, pois a base pagante diminuiu e as pessoas vivem mais; ou seja, tornou-se insustentável. A melhor maneira de prever o futuro é criá-lo.

Viva sempre um degrau abaixo do seu padrão de vida

Nós sempre aproveitamos a vida, curtimos, viajamos e investimos, mas vivemos sempre um degrau abaixo do nosso padrão. Quando vendemos nosso apartamento, fomos para um lugar menor, alugado, para acelerar o processo de liberdade. Hoje, vivemos em uma boa casa, com filho pequeno, graças à nossa manobra lá atrás. Lembre-se: aluguel é despesa, você consegue elevar e baixar o seu padrão; financiamento é dívida.

Faça seu dinheiro trabalhar para você

Patrimônio não é nada, são só números. Tenha foco em fazer seu dinheiro comprar dinheiro; crie um clone que traga riqueza, que mantenha seu padrão de vida.

Eu fiz um planejamento por treze anos, e no décimo ano eu tinha conquistado minha liberdade financeira, fazendo aportes regulares de 10 a 20% da minha renda.

Como você quer estar lá na frente?

A vida vai passar de qualquer jeito; você pode escolher passar perrengue ou estar bem financeiramente.

Entenda que investir não é se anular. Viva, mas invista. Aprenda a fazer.

Você terá que lidar com dinheiro o resto da sua vida

A maior habilidade que você pode ter é aprender a lidar com dinheiro, pois ele fará parte da sua vida até o fim. Todos os dias você terá contato com dinheiro, seja no mercado, pagando uma conta, comprando uma bala; aliás, você trabalha por dinheiro, por que não fazer ele trabalhar para você?

Falo por experiência, muitos começam, mas poucos permanecem, e a vida premia esses poucos.

Até o momento em que estou escrevendo este capítulo, 7 de abril de 2025, já recebi mais de R$ 90 mil apenas de dividendos. Ano passado, foram mais de R$ 234 mil. Isso equivale a quase R$ 20 mil por mês. E essa foi só uma fonte de receita, temos por volta de cinco. Pare e pense: quanto tempo você tem que trabalhar para ganhar isso?

Quero incentivar você ao máximo, pois isso transformou minha vida e vai transformar a sua, basta começar e se manter.

Não se preocupar com dinheiro será um problema a menos na sua vida.

Vamos juntos nessa jornada?

Quero compartilhar sua história, conte comigo e obrigado por chegar até aqui. Fique com Deus.

BIBLIOGRAFIA

BARROS, A. 72,4% dos brasileiros vivem em famílias com dificuldades para pagar as contas. *Agência IBGE Notícias*, Brasília, DF, 2021. Disponível em: https://shre.ink/eVuh. Acesso em: 7 maio 2025.

“Liberdade financeira é mais do que cifrão, é viver no seu ritmo, com alma e coração.”

André Costa

André da Silva

Sou empreendedor com formação em Educação Financeira pelo Instituto Soaper, com foco em *coaching* e análise comportamental, e pela Sâmia Vascocelos, além de especialista em dívidas formado por Delano Zonta. Atuo ajudando as pessoas a se organizarem financeiramente e, principalmente, a saírem das dívidas sem voltar para elas, tendo uma vida tranquila e abundante.

andre.educador.financeiro

AndreS educador financeiro

O CÓDIGO DAS

FINANÇAS

5 GENEROSIDADE COMO CAMINHO PARA A ABUNDÂNCIA

Por André da Silva

Um dos temas mal compreendidos é o da doação. Hoje em dia, as pessoas estão em busca de suprir suas próprias necessidades, como conforto, segurança e desenvolvimento pessoal, e acabam evitando a doação, como se esse ato acarretasse alguma perda pessoal.

Existem pessoas que doam por não saberem falar não ou por se sentirem constrangidas em não ajudar. Há aqueles que fazem a doação de valores altíssimos para esbanjar que estão bem de vida e ainda ajudam a quem precisa; ou aqueles que querem algo em troca, a fim de tirar proveito da situação.

Os que fazem isso de coração, sem esperar nada em troca e que se planejam para doar sempre, são pessoas que têm o coração cheio de alegria, sem julgamento, e que, além de recursos financeiros, doam tempo e serviço para o próximo.

Outras pessoas são motivadas a fazer doações por experiências pessoais, como, por exemplo, a superação de uma doença ou a ajuda recebida em momentos difíceis.

Em seu livro *Pai rico, pai pobre*, Robert T. Kiyosaki (2004) ensina que sempre que sentir falta ou escassez de alguma coisa, você deve doar o que quiser, e isso vai retornar para você. É o princípio da reciprocidade. Se quiser dinheiro, doe dinheiro; se quiser contatos, ajude outros a terem contatos, e isso fará que mais contatos apareçam. Isso também serve para o ensinamento: quanto mais você ensina, mais você aprende.

Quando doamos, podemos vivenciar alguns sentimentos, como: realização, uma sensação de propósito ao ajudar o próximo; senso de conexão com o mundo, por fortalecer a sociedade e inspirar outros a se envolverem; bem-estar, que pode ativar uma região do cérebro que nos garante mais prazer, fazendo com que nos sintamos melhor com as nossas ações e com o nosso papel no mundo; senso de solidariedade, que pode promover responsabilidade social e também um compromisso em fazer a diferença e ajudar aqueles que estão em situações menos privilegiadas.

Doação com responsabilidade

Ao longo deste livro, você tem aprendido muito sobre suas finanças, numerado tudo sobre seu dinheiro, percebido em que áreas ele está sendo desperdiçado, tomado conhecimento de gastos fúteis, entre outros aprendizados. Esse rico conteúdo tem como objetivo aumentar sua consciência sobre seu dinheiro e dar mais clareza sobre o que fazer com ele. E adivinha? Suas doações funcionam do mesmo jeito.

Geralmente, pessoas desorganizadas financeiramente costumam ser muito generosas. Elas não têm consciência de como andam suas finanças, apenas olham seu extrato e, se tem algo ali, ajudam a quem precisa, sem nenhum conhecimento sobre os próprios limites. Não têm metas do que querem para si mesmas – metas essas que têm como finalidade aumentarem o patrimônio ou sair de uma dívida.

Essas pessoas gastam o que podem e até mesmo o que não podem, contam com o dinheiro do próximo mês e imaginam que, como estão trabalhando, irão receber, então está tudo certo. Mas e a reserva? Essas pessoas se atrapalham financeiramente, entram em cheque especial, pagam a parcela mínima da fatura do cartão de crédito e entram no crédito rotativo, e as dívidas começam a chegar. E, assim, começa a famosa bola de neve. Dessa forma, vivem na mentalidade da escassez e sempre com medo de que o dinheiro uma hora acabe. E, caso não haja organização financeira, é bem provável que isso realmente aconteça.

No seu planejamento financeiro, a doação deve fazer parte das despesas fixas. O simples ato de doar deve estar na sua rotina preestabelecida de pagamentos, sendo um ato habitual, que se faz naturalmente, sem dor. Nada de doar uma vez por ano ou apenas quando sobrar dinheiro.

Assim, é preciso ter motivação para doar. Se doar tudo, você ficará sem nada e como fará para viver? Sua família ficará como? Agora, se sua doação for feita da forma correta, com verdadeiros sentidos de amor e de ajuda ao próximo, aproveitando ao máximo o que a vida está oferecendo, você será mais bem-afortunado do que quem receber sua doação. Assim como uma hidrelétrica, cujas águas, com tanta força, beneficiam muitas vidas com a energia gerada, a sua recompensa será uma vida repleta de abundância e prosperidade, e o mais importante: com sentimento de dever cumprido.

No livro *Os segredos da mente milionária*, de T. Harv Eker (2005), o sistema de organização sugerido pelo autor recomenda a criação do "pote da doação", onde seriam depositados 10% do seu rendimento mensal. É uma excelente sugestão para começar a inserir no seu planejamento. Caso não consiga 10%, tente pelo menos 5%, para então aumentar a quantia aos poucos. Desafie-se e estipule metas para progredir durante o tempo. Quanto mais você é abençoado, mais você abençoa, e vice-versa.

Sugiro também a criação do "pote da generosidade", cuja ideia é separar um valor, entre 1% e 5% – ou até mais –, para ajudar alguém em uma situação extraordinária. Nesses casos, enchemos nossos corações de sentimentos bons caso a pessoa não possa devolver o valor emprestado. A pessoa que tomou emprestado não precisa saber que você está "emprestando" sem a intenção de ter de volta esse valor.

Os benefícios da generosidade

Os benefícios da generosidade são amplos e profundos. Estudos mostram que pessoas generosas tendem a ser mais felizes, menos estressadas e até mesmo mais saudáveis (Pessoas [...],2017). Quando doamos, liberamos endorfinas, o que nos proporciona uma sensação de prazer e bem-estar. Essa resposta emocional positiva reforça o comportamento generoso, criando um ciclo virtuoso.

Além dos benefícios emocionais, a generosidade tem impacto físico. Pessoas que se envolvem em atos de generosidade frequentemente experimentam pressão arterial mais baixa, melhor saúde cardiovascular e até mesmo uma vida mais longa. (Ser [...], 2020). A conexão entre generosidade e saúde é um testemunho do poder do altruísmo.

A generosidade também traz benefícios sociais. Quando ajudamos os outros, fortalecemos os laços comunitários e promovemos um ambiente de confiança e colaboração. A generosidade pode inspirar outros a fazerem o mesmo, criando uma cultura de apoio mútuo e solidariedade. Essa rede de relacionamentos é fundamental para o florescimento humano e para a construção de comunidades saudáveis.

Generosidade e abundância

A relação entre generosidade e abundância é intrínseca. A abundância não se refere apenas ao acúmulo de riquezas materiais, mas também de experiências, relacionamentos e satisfação pessoal. Ao adotarmos uma mentalidade generosa, começamos a ver o mundo de uma maneira diferente: em vez de enxergar escassez, passamos a reconhecer a abundância em nossas vidas.

Quando doamos, mesmo que sejam pequenas quantias, começamos a cultivar um senso de riqueza interior. A prática de dar nos ajuda a perceber que temos o suficiente para compartilhar, o que, por sua vez, atrai mais oportunidades e recursos. Esse fenômeno é conhecido como "lei da atração", no qual a energia que emitimos ao sermos generosos cria um "campo magnético" que atrai mais abundância.

Doação salva vidas

Acredito que tenhamos uma grande reviravolta para a pergunta: qual o sentido da vida? Precisamos aprender e ensinar a quem está em desespero que nunca se deve esperar nada da vida, e sim perceber o que a vida espera de nós.

Todos nós temos habilidades, conhecimento, inteligência, recursos financeiros que precisamos colocar em prática a serviço do outro, a serviço da vida, a serviço de uma causa maior!

Quantos de nós, por um longo tempo da vida, decidimos entregar tudo que tínhamos como expressão de amor e abnegados por uma causa maior do que nossas próprias necessidades? Quantos de nós, autores deste livro, não estamos a serviço de uma causa maior? Escrevemos para ajudar quem vive aflito com dívidas, contas acumuladas, brigas em casa e dificuldades no trabalho — tudo consequência da desorganização financeira. E se a situação piorar com uma demissão inesperada? É por isso que estamos aqui: para orientar e apoiar quem precisa recuperar o equilíbrio financeiro e a tranquilidade.

A vida chama você para uma causa maior: abrir mão da sua motivação egoísta e dispor dos seus talentos, habilidades, conhecimento, inteligência e criatividade para o mundo. A sua autodoação é a maior doação que existe, pois você se deixa gastar sem buscar nada em troca, pelo simples pensamento de que é isso que a vida espera de você. Servir com tudo que possui é a sua maior vocação.

Faça uma análise prática, escreva uma lista com o que você acredita serem seus maiores talentos, coisas que você faça muito bem e que fluam normalmente de você. Descreva como seria doá-los ao mundo, abençoando pessoas em todos os lugares em que você se encontra, seja no âmbito profissional, pessoal ou até mesmo àquela pessoa que você nunca viu antes e nunca mais verá.

Sempre expresse o sentimento de gratidão por poder ser abundante, recebendo e transbordando vida e felicidade para quem está ao seu redor. Lembre-se: ensine e receberá.

Reflexões finais sobre generosidade

A generosidade é um caminho poderoso para a abundância em nossas vidas. Ao adotarmos uma mentalidade generosa, não apenas melhoramos a vida dos outros, mas também enriquecemos nossas próprias experiências. A generosidade nos ensina a ver o mundo através de uma lente de abundância, sob a qual cada ato de dar se torna uma oportunidade para criar conexões significativas e experimentar alegria.

Conforme avançamos em nossa jornada de vida, é fundamental lembrar que a verdadeira riqueza não está em acumular, mas em compartilhar. A generosidade nos convida a nos desprender do apego material e a valorizar o que realmente importa: amor, amizade, conexão e comunidade.

Ao praticar a generosidade, abrimos as portas para um fluxo contínuo de abundância, criando uma vida mais gratificante e significativa. Portanto, comece hoje: encontre maneiras de ser generoso e veja como isso transforma não apenas sua vida, mas também a vida daqueles ao seu redor. A generosidade é, sem dúvida, um caminho para a verdadeira abundância.

BIBLIOGRAFIA

EKER, T. H. *Os segredos da mente milionária*: aprenda a enriquecer mudando seus conceitos sobre o dinheiro. Tradução de Sérgio Pereira Couto. São Paulo: Sextante, 2005.

KIYOSAKI, R. T. *Pai rico, pai pobre*: o que os ricos ensinam a seus filhos sobre dinheiro. Tradução de Alves Calado. Rio de Janeiro: Elsevier, 2004.

PESSOAS generosas são mais felizes, afirma pesquisa. *Galileu*, jul. 2017. Disponível em: https://shre.ink/eVvB. Acesso em: 7 maio 2025.

SER generosa ajuda a viver melhor. *Claudia*, jan. 2020. Disponível em: https://shre.ink/eVCq. Acesso em: 7 maio 2025.

“Seu dinheiro pode ser poderoso, mas sua doação é transformadora.”

André da Silva

Arieli Fischer

Meu nome é Arieli Arnold Fischer, tenho 36 anos, sou casada e nasci na cidade de Ijuí/RS. Formada em Administração, pós-graduada em Planejamento Financeiro e Finanças Comportamentais pela PUC/RS, mentora financeira pela Academia GFAI e apaixonada por finanças pessoais.

A construção da minha independência financeira começou cedo, acompanhada pelo meu marido, com muita leitura, busca por conhecimento e colocando em prática aquilo que estudei. Servi oito anos na Força Aérea Brasileira, tendo usado esse período para acelerar o meu plano e, quando fui desligada, passei a atuar com planejamento financeiro pessoal.

Hoje, atendo centenas de famílias do Brasil inteiro que buscam qualidade de vida, aprendendo a equilibrar as finanças, realizar sonhos e também alcançar a liberdade financeira.

arielifischer.serafin
+55 (51) 98228-7303
arieli.fischer@serafin.com.br

O CÓDIGO DAS

FINANÇAS

6 COMO ALCANÇAR A INDEPENDÊNCIA FINANCEIRA

Por Arieli Fischer

Não há nada mais gratificante do que escrever sobre aquilo que sempre me moveu! E não pensem que eu aprendi esse conhecimento e adquiri o interesse por finanças em casa, com a família, na escola ou na faculdade. Foi graças ao contato, desde muito cedo, com livros sobre esse tema; *Pai rico, pai pobre*, de Robert Kiyosak e Sharon Lechter (2000), foi minha primeira leitura, aos 15 anos. Desde então, minha percepção sobre o mundo das finanças não foi mais a mesma, e já nem sei quantificar quantos livros passei a ler – foram muitos.

Desde meu primeiro emprego, eu já guardava uma parte do salário, mesmo sem saber ainda ao certo o que fazer com ele. Depois de formada, minha meta inicial foi ter um trabalho que me permitisse ter uma renda maior.

Após alguns anos estudando, passei na prova para ser militar da Força Aérea Brasileira. Porém, logo depois dos primeiros anos servindo, eu percebi que não era algo que eu gostaria de fazer a vida toda; não tinha liberdade, tive chefias que tornavam o trabalho difícil e estressante e escalas de serviço nos finais de semana. Mas, como eu já tinha clareza e sabia do que eu precisava para alcançar a independência financeira, continuei naquele trabalho, pois a renda era necessária para atingir meus objetivos.

Depois de oito anos, terminou o meu tempo de serviço e eu fui desligada; mesmo sem renda, estava feliz e em paz, pois eu e meu marido tínhamos feito a lição de casa referente às finanças.

Talvez hoje, você, leitor, não goste do trabalho em que está, ou teve uma adolescência em que não tinha dinheiro para comprar todas as coisas que gostaria, tendo que pedir muitas vezes roupas emprestadas para amigos e primos; ou tenha algum familiar que receba uma aposentadoria do INSS que, como na maioria dos casos, não é suficiente nem para pagar as contas básicas e precisa da ajuda de alguém para suprir o que falta, ou que, mesmo com idade já avançada, necessita, por obrigação, continuar trabalhando.

Tudo que eu vivi e vi ao longo dos anos contribuiu para eu ser a pessoa que sou hoje, e a buscar uma realidade diferente para mim. A busca pela independência financeira é um projeto que precisa ser estruturado e entendido. Com esse objetivo, vou esclarecer alguns itens na sequência, com a missão de que você passe a construir a sua.

O que é independência financeira e por que ela é importante?

A independência financeira ocorre quando acumulamos recursos suficientes para viver sem depender exclusivamente de um salário. Isso significa ter investimentos e fontes de renda passiva que cubram os gastos do dia a dia. O principal benefício é a liberdade: poder escolher onde e como trabalhar, dedicar-se a projetos pessoais ou até antecipar a aposentadoria sem preocupações financeiras.

Se você é daqueles que acreditam que apenas quem ganha muito dinheiro ou quem é herdeiro pode alcançar essa condição, pense de novo. Vou mostrar que isso não é verdade. O segredo está mais na gestão do dinheiro do que no valor recebido. Existem muitos casos de pessoas com altos salários que vivem endividadas, ou indivíduos com rendas modestas que conquistam a independência financeira por meio de hábitos sólidos e disciplina.

Não construímos essa liberdade com uma única ação e em um curto espaço de tempo, mas com um conjunto de boas práticas ao longo dos anos. Podemos fazer uma analogia com o esporte, em que são necessários vários anos de muito treinamento e disciplina, ou seja, preparar-nos e melhorar nossa técnica, passar por dores, às vezes recalcular a rota, além de aperfeiçoar nossas habilidades constantemente durante todo o processo, para no final alcançar a vitória.

Não existe um valor universal que todos devem buscar para alcançar a independência financeira. O patrimônio necessário para gerar a renda para pagar as suas contas sem que você precise trabalhar depende muito do seu padrão de vida. Obviamente, se você tem um padrão de vida com muito mais conforto, vai precisar de mais dinheiro, mas se tem um padrão de vida mais simples, o valor necessário será menor. É um cálculo muito particular e que depende da sua idade hoje, da renda desejada, da taxa de juros e da idade de aposentadoria.

Os pilares da independência financeira

Para alcançar a independência, é essencial adotar quatro pilares:

- **Gastos conscientes:** não importa o tamanho da sua renda, é crucial gastar menos do que se ganha e evitar compras por impulso. É muito importante você aprender a diferenciar aquilo que realmente é necessário do que é apenas um desejo temporário. Isso vai ajudá-lo a priorizar os gastos de forma inteligente e a ter dinheiro sobrando para direcionar aos investimentos.
- **Reserva de emergência**: antes de começar a investir para a independência financeira, é importante ter um fundo de emergência que cubra de três a seis meses das despesas essenciais. Isso evita a necessidade de recorrer a empréstimos em momentos de imprevistos e de "assaltar" o dinheiro que estava guardando para a independência.
- **Investimentos inteligentes:** diante da infinidade de produtos de investimento disponíveis no mercado, é necessário ter clareza da sua estratégia para então ter investimentos adequados e coerentes com seus objetivos, fazendo com que o dinheiro trabalhe a seu favor.
- **Valorizar a sua renda e diversificar:** a renda do seu trabalho é muito importante e precisa ser bem administrada para possibilitar a criação de novas fontes de renda, como negócios paralelos ou investimentos que gerem rendimentos passivos, acelerando o processo de independência financeira.

Os principais erros que impedem a independência financeira

Alguns comportamentos sabotam o caminho para a independência. Entre os principais erros, estão:

- **Compras desnecessárias:** hoje a sociedade vive uma era de consumo descontrolado e doentio, em que somos bombardeados por aplicativos que ficam o tempo todo instigando o comportamento de querer comprar, e esquecemos de analisar se podemos ou precisamos comprar aquele produto ou serviço.

- **Endividamento descontrolado**: naturalmente, essas compras desnecessárias causam o uso excessivo do crédito e o acúmulo de dívidas de alto custo, como cartão de crédito e cheque especial, que podem impedir o progresso financeiro, pois em vez de você estar com orçamento controlado e investindo um valor todos os meses para construção do seu patrimônio, estará fazendo malabarismos para pagar contas que muitas vezes não deveriam existir.
- **Falta de planejamento e orçamento:** sem um plano claro, é fácil perder o controle dos gastos e não conseguir economizar para o futuro. Falta de tempo é um dos argumentos que mais escuto para justificar uma vida financeira bagunçada, porém, o ser humano passa grande parte da vida trabalhando pelo dinheiro, mas não consegue priorizar uma hora no mês e alguns minutos na semana para fazer esse dinheiro trabalhar por ele.
- **Medo de investir:** muitas pessoas evitam investimentos por falta de conhecimento ou por receio de perder dinheiro. No entanto, aprender sobre investimentos é essencial para conquistar a independência financeira, pois através dos investimentos é possível receber juros, e esses juros fazem o nosso patrimônio aumentar.

No início, é muito mais importante o valor que você guarda e investe do que a taxa de juros que recebe, mas, ao longo dos anos, os juros compostos mostrarão o quanto são poderosos, fazendo com que o seu patrimônio e a sua renda se multipliquem cada vez mais rápido. Constância, disciplina e paciência precisam estar presentes nessa caminhada, na qual não existem atalhos e investimentos milagrosos. O conhecimento e alguém de confiança com experiência para guiá-lo nesse caminho são a principal prevenção contra os golpes.

Plano de ação para alcançar a independência financeira

A independência parece algo muito difícil de alcançar, mas um plano de ação pode tornar o processo mais acessível.

- **Estabeleça metas financeiras:** definir objetivos claros e prazos realistas ajuda a manter o foco. Se você não sabe para onde vai, deve estar indo por qualquer caminho e sem resultados.

- **Comece e tenha constância:** não é preciso ganhar muito para começar. Criar o hábito de investir regularmente, mesmo que com pequenas quantias, faz com que o patrimônio cresça ao longo do tempo.
- **Monitore e ajuste seu plano:** revisar periodicamente os objetivos financeiros e os investimentos garantem que o plano continue alinhado com as necessidades e circunstâncias.
- **Tenha um mentor:** se durante essa construção da independência você puder contar com um mentor para guiá-lo, orientá-lo e direcioná-lo de forma personalizada, você terá otimização de tempo e dinheiro.

A independência financeira é uma jornada que exige disciplina e paciência, mas qualquer pessoa pode alcançá-la com planejamento e boas escolhas. Quanto antes começar, mais cedo poderá colher os frutos dessa liberdade.

A falta de conhecimento faz com que paguemos um preço alto com o passar dos anos: o preço de trabalharmos a vida toda por obrigação, sendo escravos do dinheiro, não tendo qualidade de vida, muito menos poder de escolha, de poder ir a um bom lugar para jantar, de morar melhor, de ter momentos de lazer, de ter tempo para curtir com as pessoas que amamos, de viver experiências que a independência financeira pode proporcionar.

A partir de agora, você é responsável por construir e melhorar o seu cenário para viver melhor o hoje e também os próximos anos. Eu sou muito grata por ter feito um planejamento financeiro cedo, que me permitiu fazer diferente e colher frutos diferentes também. Se eu consegui, tenho certeza de que você também pode. Digo isso com base nas centenas de famílias que eu acompanho e de quem sou mentora nessa jornada de melhorar a relação com as finanças e construir de forma sólida um plano personalizado que se ajuste à realidade de cada um. Há um provérbio chinês que diz que a melhor época para plantar uma árvore foi há vinte anos; o segundo melhor tempo é agora. Isso serve para dizer que, se você ainda não começou, agora é o momento de colocar em prática ações para construir e viver a independência financeira.

BIBLIOGRAFIA

KIYOSAKI, R.; LECHTER, S. *Pai rico, pai pobre*. Rio de Janeiro: Campus Elsevier, 2000.

“Para colher frutos, você deve plantar as árvores. Faça as escolhas necessárias e inteligentes para construir a sua independência financeira.”

Arieli Fischer

Bruna Dalsasso

Prazer! Sou a Bruna, nascida e criada no sul de Santa Catarina.

Tive contato com o mundo financeiro desde muito jovem. No final de 2020, iniciei minha jornada no universo dos investimentos, através do meu primeiro curso na área. Passaram-se quatro anos desse início e o entusiasmo pelos investimentos e finanças pessoais só cresceu.

Depois de saber dos benefícios de ter uma boa organização e um planejamento financeiro eficaz, resolvi ajudar mais pessoas a terem uma vida financeira mais saudável e equilibrada. Afinal, todo mundo tem sonhos a realizar e, às vezes, só falta um "empurrãozinho".

Não é sobre quanto você ganha, e sim como você gerencia o que você ganha. Se for seu caso, conte comigo!

bruna.dalsasso.bd
+55 (48) 98832-0239
bd.educadorafinanceira@gmail.com

O CÓDIGO DAS
FINANÇAS

7 MEDO E GANÂNCIA: PERIGO NAS DECISÕES

Por Bruna Dalsasso

O medo, presente de diferentes formas na vida de cada pessoa, é instintivo, por vezes necessário, por ser uma das emoções que evita que o ser humano se machuque ou se decepcione.

A ganância é o desejo interminável de ter sempre mais, a confiança em uma promessa de dinheiro rápido.

O medo nos trava e a ganância nos empurra, mas não pelo caminho correto. Apesar de reações distintas, ambos podem sabotar os seus resultados e gerar crenças limitantes, que, se não trabalhadas, impactarão bruscamente seu processo de decisão e, consequentemente, sua vida como um todo.

Processo de tomada de decisão

Você acha que é capaz de tomar decisões de forma racional o tempo todo, sem se deixar levar por medo, ganância ou outro tipo de sentimento? Lamento informar, mas se você disse que sim, você está errado.

Essa informação foi um baque para mim, que sempre me julguei capaz de tomar decisões da maneira mais racional possível. Se você é como eu, precisa saber de algumas informações.

Temos dois lados do cérebro, um responsável pela emoção e outro, pela razão. Segundo Daniel Kahneman (2012), em seu livro *Rápido e devagar*, esses dois sistemas podem ser identificados como: sistema 1, ou emocional, e sistema 2, ou racional.

O sistema 1 é responsável por decisões rápidas, logo, acionando o lado emocional do cérebro; já o sistema 2, que ativa o lado racional do cérebro, faz com que as decisões sejam tomadas de forma mais lenta, consciente e lógica. Por meio desses sistemas, o nosso cérebro se baseia em experiências passadas para a tomada de decisão.

Isso quer dizer que uma atividade realizada no passado – seja uma experiência própria, ou do ambiente familiar, ou do meio onde você esteve inserido –, que tenha gerado frustração, vai frear a sua tomada de decisão no presente ou no futuro, ou fazer com que você gere um padrão de repetição de comportamento. Já uma ação realizada no passado que tenha gerado bons frutos tende a impulsioná-lo a realizá-la novamente

Vieses comportamentais

Além das experiências passadas ao longo da vida, existem diversos comportamentos padrões, chamados vieses comportamentais, que explicam alguns erros cometidos em massa por diversas pessoas, muitos deles movidos por medo ou ganância. Identifique se algum desses padrões acontece em sua vida e fuja!

- **Efeito manada:** "manada" aqui significa um montante de pessoas. O efeito manada acontece quando você toma uma ação baseada no fluxo dessas pessoas, sem ao menos saber o porquê deste movimento. A "manada" investe em um determinado ativo, você também investe. A "manada" vende um determinado ativo, você também o faz.
- **Ancoragem:** acontece quando você baseia sua decisão em uma âncora preestabelecida como um ponto de referência. Imagine que você comprou uma calça que custou R$ 300. Essa é sua "âncora". Quando você olha para uma oferta de calça que custe R$ 100, você instintivamente pensa que é barata, tendo em vista a primeira compra. O mesmo acontece da forma contrária, quando você vê a oferta de uma calça de R$ 400, você acha cara. Esse viés também é usado em casos de promoção – por exemplo, uma blusa que era R$ 200 e na promoção passou a ser R$ 150. Sua mente absorve esse desconto como uma oportunidade de compra. Cuidado! Muitas lojas usam esse viés para direcioná-lo inconscientemente a efetuar uma compra desnecessária, apenas para aproveitar a "promoção".
- **Aversão à perda:** o ser humano sente mais a dor da perda do que o prazer do ganho. Imagine que o ativo que você escolheu tenha uma boa performance. Você se sente feliz, mas não tende a tomar uma ação com relação a isso. Agora, em um cenário onde seu ativo perde valor de mercado, você se sente muito frustrado e começa a pensar coisas como "devo vender este ativo?", "será que escolhi corretamente?".
- **Excesso de confiança:** ah, o ego! Quando você é experiente no mercado, acredita que tem domínio sobre os números. É quando você tende a achar

que sabe mais do que a maioria das pessoas. Números são números, analise-os friamente e não deixe seu ego tomar uma decisão por você, pensando em um possível cenário futuro.

- **Dissonância cognitiva:** acontece quando tem-se uma opinião formada sobre determinado tema, fazendo com que as opiniões contrárias às suas sejam ignoradas. Se meu perfil de investidor é voltado à renda fixa, eu simplesmente não presto atenção às notícias e aos fatos sobre a renda variável. Por ir contra o meu posicionamento de renda fixa, acho que quem investe em renda variável está errado.
- **Retrospectiva:** acreditar que o fato que ocorreu no passado vai acontecer novamente. Isso ocorre muito facilmente quando vemos um ativo se valorizar de forma rápida. Na ganância de ganhar dinheiro, você investe nesse ativo sem saber se ele repetirá o movimento de subida na valorização.
- **Autoridade:** acreditar em determinada opinião de alguém que tenha influência, sem checar se o fato é verídico ou não. A maioridade dos bancos e corretoras indicam ativos para investimento. Baseando-se no viés de autoridade, você segue as recomendações sem conhecer de fato o ativo no qual está alocando o seu dinheiro.
- **Efeito dotação:** acontece quando você supervaloriza um bem em sua posse. Seja para imóveis ou ativos do mercado financeiro, o efeito dotação faz com que você avalie seu bem com um valor acima do mercado, porque soma valor emocional a ele, o que dificulta sua comercialização, caso e/ou quando necessário.
- **Familiaridade:** do lado oposto do medo do incerto, temos o viés da familiaridade. Quando vemos um ativo de uma empresa conhecida, tendemos a querê-lo na nossa carteira pelo simples fato de termos familiaridade ao nome. Mas cuidado, não é porque se trata de uma marca conhecida que seu ativo é indicado para investimento. Avalie números, não sentimentos.
- **Paradoxo da escolha:** você já se viu sem saber qual produto escolher diante de uma prateleira de supermercado? Este é o paradoxo da escolha, quando temos muitas opções. Quanto mais informações temos à vista dos nossos olhos, mais nosso cérebro demora para processar a informação e, consequentemente, optar por um produto. Se é difícil no supermercado, imagine escolher ativos para a sua carteira de investimentos! Diminua as opções à sua vista, assim você terá mais eficiência nas suas escolhas.

- **FOMO (*fear of missing out*):** O medo de ficar de fora também faz com que você tome decisões precipitadas. Imagine que vários membros do seu grupo da igreja ou da faculdade investiram em um ativo. O simples fato de você imaginar que todas essas pessoas próximas serão beneficiadas no futuro e você não, faz com que você tenha uma sensação de exclusão, como se estivesse "fora" de algo, e acaba investindo também para não deixar de ganhar, caso o grupo seja contemplado.

Além dos vieses citados, ficarei feliz em compartilhar outros através das minhas redes sociais.

Estratégias para a tomada de decisão

Sabendo de todas as ciladas mentais às quais nosso cérebro é exposto, para que não tenhamos medo ao tomarmos uma decisão ou sejamos movidos pela ganância ou qualquer outro tipo de sentimento, o indicado é atrelar as nossas decisões a uma estratégia.

Treine seu cérebro para lidar com o medo e a ganância. Com uma estratégia definida antes da tomada de decisão, nosso cérebro terá apenas um caminho – a estratégia traçada –, e não precisará buscar caminhos alternativos para percorrer.

- Defina um propósito e metas para atingi-lo. Quando você for tomar uma decisão, pense se sua decisão está alinhada ao seu propósito.
- Fuja de ambientes que o impulsionam a tomar decisões contrárias às suas metas.
- Se você decidir investir em algum ativo, antes de fazê-lo, defina critérios e métricas que o nortearão nas suas decisões. Essas métricas e critérios dependem do tipo de ativo que você estiver analisando. Como um exemplo de renda variável, você pode analisar o lucro da empresa, sua dívida, há quantos anos ela está no mercado de ações, se seu produto é perene, entre outros.
- Se você precisar comprar algo, antes de tomar a decisão de efetivamente comprá-lo, passe-o pelas peneiras do consumismo.
    - **Primeira peneira:** "Eu preciso disso?". Se a resposta for não, segure-se e não compre. Se a resposta for sim, você passa para a segunda peneira.
    - **Segunda peneira:** "Eu posso pagar por isso?". Se a resposta for não, segure-se e não compre. Se a resposta for sim, você passa para a terceira peneira.

- o **Terceira peneira:** "Eu posso esperar?". Se a resposta for não, você pode efetuar a compra. Se a resposta for sim, espere ao menos 48 horas e veja se ainda quer comprar. Muitas vezes, nesse período, o desejo vai embora e você se dá conta de que não precisava dessa compra, mesmo que tenha respondido errado à pergunta da primeira peneira.

- Diminua as decisões, as telas e os objetos à sua frente; quanto menos o cérebro precisar pensar e focar em um assunto, a chance de ele acertar na decisão é maior.
- Adie as suas decisões se você estiver com fome ou cansado. Esses sintomas prejudicam a capacidade cognitiva do seu cérebro, forçando-o a tomar decisões pelo sistema emocional.
- Não meça sua vida com a regra do outro. Lembre-se de que as redes sociais aceitam tudo, verdades, mentiras e muitas vezes somente a parte boa da vida das outras pessoas. Faça sua própria régua.
- Crie gatilhos mentais em sua casa para lembrá-lo dos seus objetivos. Faça um mural de fotos dos seus objetivos de longo prazo para inspirá-lo. Vale fotos impressas ou na tela do seu celular.
- Espalhe frases motivacionais pela casa. Leia-as sempre que passar por elas. Uma gota todo dia vai fortalecê-lo e impulsioná-lo.

Quando tiver qualquer pensamento de medo, siga sua estratégia e dê seu primeiro passo. Com esse método você não deixa o medo paralisá-lo e dá passos direcionados, sem se deixar levar pela ganância. E, se precisar de ajuda nessa caminhada, conte comigo!

BIBLIOGRAFIA

KAHNEMAN, D. *Rápido e devagar*: duas formas de pensar. Rio de Janeiro: Objetiva, 2012.

“O medo nos trava
e a ganância nos
empurra. Ambos podem
sabotar os seus resultados
e, consequentemente,
sua vida como um todo.”

Bruna Dalsasso

Camila Guerra

Meu nome é Camila Guerra, tenho 41 anos, nasci em Guarulhos/SP e morei com meus pais em Campinas desde quando eu tinha dois anos. Hoje, moro em São José do Rio Preto, noroeste paulista, junto com meu filho Thomas, de 8 anos.

Sou técnica em Bioquímica e formada em Química pela Universidade Estadual de Campinas, UNICAMP, mas foi na área comercial que me encontrei, e há oito anos me aprofundei no estudo das finanças. Atualmente estou cursando pós-graduação em Educação Financeira.

Sou empresária, atuando na área comercial, palestrante e mentora de mulheres que buscam organização e autonomia financeira. Mudei minha vida por meio da educação financeira e o meu principal objetivo é ajudar mulheres a se planejarem financeiramente e utilizarem o dinheiro como ferramenta para realização de sonhos, a fim de que tenham liberdade de escolha.

camilaguerra1
+55 (17) 98833-0887
camilaguerra1

O CÓDIGO DAS
FINANÇAS

8 FINANÇAS PARA MULHERES: PODER E AUTONOMIA FINANCEIRA

Por Camila Guerra

Você que começou a ler este capítulo, seja muito bem-vinda. Peço que reflita sobre a seguinte frase: por que é tão necessário falar sobre o domínio financeiro das mulheres se elas já chefiam 49,1% dos lares brasileiros, de acordo com o último Censo, de 2022 (IBGE, 2024)? Isso se dá justamente pelo fato de que nós, mulheres, invadimos o mercado de trabalho nos últimos anos, seja por vontade própria ou por necessidade, e começamos a colher os frutos do nosso próprio esforço. Assim, se faz urgente dominarmos esse tema de forma mais consciente: precisamos gerenciar nosso salário, cuidar das despesas da casa, planejar os gastos da família, dentre outras decisões relevantes envolvendo os recursos do lar.

Mesmo com intensa responsabilidade financeira nas decisões domésticas, o preparo e a orientação das mulheres quanto ao tema são ainda muito superficiais, devido à falta de domínio do assunto, ao medo de perder dinheiro e ao tabu que ainda encontramos ao falar sobre ele. Dentre os motivos que justificam nossa maior necessidade em entender sobre finanças, podemos citar aqui os três principais.

O primeiro, já mencionado, refere-se ao fato de que grande parte das famílias brasileiras são lideradas por mulheres; ou seja, a responsabilidade das decisões referentes ao dinheiro está nas mãos das mulheres tanto quanto nas dos homens no Brasil.

A segunda razão está relacionada ao fato de que, à medida que trabalhamos fora e nos esforçamos para ocupar posições no mercado de trabalho, buscando condições igualitárias às dos homens, acabamos por cuidar mais do nosso dinheiro, pois sabemos o real impacto de estudar, trabalhar – muitas vezes deixando os filhos na escola ou com cuidadores –, organizar a logística e demandas do lar, além de todas as demandas emocionais que carregamos.

Por fim, o terceiro motivo está mais atrelado ao padrão comportamental que precisamos aprender para educar os nossos filhos. Mesmo sendo decisivas no planejamento e na alocação dos recursos, sem perceber, acabamos perpetuando modelos que nossos pais ou cuidadores nos passaram. Sendo assim, precisamos mudar o comportamento e buscar evolução constante, a fim de entendermos a necessidade de aprender, fazer escolhas mais conscientes acerca das nossas reais necessidades e criar nossos filhos com maior orientação financeira para prosperidade e menor dependência financeira de outras pessoas e/ou instituições.

Começamos a perceber ao longo dos anos a real necessidade de falar sobre planejamento financeiro, de parar de evitar o assunto, de transformar o antigo tabu em pauta nos almoços de domingo em família, nas rodas de amigas e nos grupos de mensagens. Finalmente, damos espaço à possibilidade de adquirir conhecimento, tanto que a educação financeira entrou para a grade curricular nas escolas, de acordo com a Base Nacional Comum Curricular do Ministério da Educação (MEC) (Brasil, 2018). E isso é uma conquista gigante para a sociedade. Se hoje estamos com uma taxa real de 76,7% da população endividada (Amorim, 2025), um dos caminhos para mudar esse cenário começa dentro dos lares e escolas trazendo o assunto à tona, oferecendo as bases para planejar as despesas e organizar as contas.

O nosso papel como mulheres passa a ser fundamental nessa transição de comportamento, pois temos a necessidade intrínseca de buscar informação e aprendizado. Além disso, possuímos o interesse em ter mais coisas, ter uma vida abundante, próspera, e geralmente de maior consumo. Ocorre que precisamos ser orientadas a fazer isso no tempo certo. Uma mulher financeiramente independente tem alguns segredos para o sucesso.

Buscar, primeiramente, o autoconhecimento como alavanca de mudança

Uma mulher que entende quem é, quais são seus principais valores e quais são suas demandas inegociáveis tem muito mais inclinação a perseguir o sucesso do que uma que segue a vida sem se importar com suas necessidades mais intrínsecas.

Ter a organização e a disciplina como bases para conseguir seus resultados

Uma rotina financeira organizada e contas controladas fazem com que as mulheres sintam-se eficientes e mais livres para tomar outras decisões com tranquilidade e leveza, diminuindo a procrastinação e aumentando o foco em projetos relevantes para sua vida.

Ter uma visão positiva de futuro muito clara

Com foco e clareza na sua vida dos sonhos, a mulher evita distrações e consegue conquistar suas metas, porque tem menos desvios durante a trajetória rumo a uma vida mais livre e abundante.

Entender a necessidade de aprendizado contínuo

Uma mulher que busca uma vida com autonomia e empoderamento já sabe que a jornada do seu desenvolvimento é um processo contínuo de aprendizado. Esse hábito de busca constante por crescimento faz com que as mulheres sejam grandes jogadoras no jogo da vida e brilhem rumo à sua independência. Não existe uma mulher próspera que não transborde ao mundo todo o poder que tem dentro dela.

Fazer momentos de pausa para refletir

A mulher que tem como objetivo autonomia financeira sabe que são necessários momentos estratégicos de pausa e análise dos resultados. Ela entende a importância de avaliar se está no caminho certo e fazer possíveis ajustes de rota rumo à vida dos sonhos que ela planejou.

Impactar todos ao seu redor

Quando uma mulher prospera, ela carrega consigo não só outras mulheres, mas muitos outros ao seu redor, seja inspirando, incentivando ou ensinando. Uma mulher que chegou ao topo traz consigo várias outras, junto com seus filhos, deixando ao mundo um legado de abundância e sucesso. Porque quando uma mulher fica rica, ela enriquece todas as mulheres ao seu redor.

É bem verdade que uma mulher que domina suas finanças tem a capacidade de tomar decisões por si mesma, baseadas em vontades e prazeres, em vez de tomar decisões por medo ou escassez, ou até mesmo por preço. Uma mulher empoderada tem a capacidade de acreditar no seu valor, independentemente do dinheiro que possui; ela se dá valor pelo que ela **é**, evitando a dependência emocional e financeira de alguém. Ela pode tomar decisões baseadas exatamente nas suas vontades e necessidades.

Nesse sentido, o dinheiro nada mais é do que uma ponte, não para comprar tudo que quiser, e sim para libertá-la de tudo que a limite nas suas decisões e que relacione o seu valor às coisas que tem, e não ao que é ou faz. O dinheiro, em si, não é um mal, muito menos um vilão. Livre-se desse pensamento se essa for uma crença que a esteja impedindo de conquistar mais. O dinheiro é um instrumento de realização de sonhos e que serve para potencializar tudo o que as pessoas já são em sua essência.

Escolher o que pedir em um restaurante porque quer comer tal comida, ou porque tem o preço mais barato? Resolver para onde vai viajar porque é um destino dos sonhos, ou porque é uma viagem mais acessível? Escolher qual roupa comprar porque lhe cai bem e tem um tecido e um corte melhores, ou porque é a mais barata? Você já tinha pensado por esse ângulo?

Uma mulher que tem autonomia financeira tem a sua vida orientada a atuar em outras frentes relevantes, tais como: relacionamentos saudáveis, sucesso profissional, hábitos saudáveis de sono, alimentação e prática de esportes. Isso porque ela consegue definir com tranquilidade como gerenciar seu tempo e dinheiro. De acordo com Provérbios 14:1: "A mulher sábia edifica a sua casa, mas a insensata a derruba com as próprias mãos"; aqui, entende-se que nós temos a capacidade de elevar ou derrubar nosso lar em todas as esferas da nossa vida. Contextualizando para o nosso assunto, pode-se concluir que a mulher que entende que precisa construir uma relação saudável com suas finanças tem a capacidade de inundar seu lar com bonança e fartura, ao passo que aquela que negligencia seu dinheiro está cavando o caminho mais rápido para levar sua família à ruína.

Uma mulher tem o poder de produzir riqueza ou escassez. De produzir abundância ou limitação, de gerar independência ou restrição. O que sai da boca dela é o que está no seu coração, e ele precisa estar cheio de poder, de liberdade e de decisão, para proferir uma vida de empoderamento e soberania à sua família, amigos e pessoas à sua volta.

Eu quero muito reforçar que o assunto que sai da nossa boca é muito poderoso e pode estar separando-a da vida que você gostaria de ter. Mulheres ricas falam de patrimônio, projetos, investimentos, livros, negócios, esportes, saúde. Mulheres da classe média falam da vida dos outros, de bolsas e sapatos, de fofocas da internet, de doenças. Mulheres escassas falam de direitos trabalhistas, de ser demitida e processar o patrão, de seguro-desemprego. Agora pare e reflita: o que tem saído da sua boca? Quais assuntos têm sido pauta das suas rodas de conversa?

O que eu proponho aqui é: seja a mulher mais interessante que você conhece. Aquela que tem orgulho de suas decisões, aquela que tem conhecimento e propriedade sobre seu dinheiro, aquela que resolve quais experiências quer viver, qual estilo de vida quer levar, qual relacionamento quer ter; aquela que abre mão dos prazeres momentâneos em troca de um futuro promissor, aquela que sabe que toda escolha pressupõe uma renúncia. Seja você a mudança que quer no mundo, que quer na sua família, que quer na sua roda de amigas.

Para isso, almeje a liberdade financeira. Não se trata apenas de perseguir o dinheiro a qualquer custo trata-se de encontrar um equilíbrio saudável entre a busca por prosperidade e a gestão de nossos medos e sonhos mais íntimos.

E se você quer saber mais e se aprofundar nesse caminho, entre em contato comigo pelas minhas redes sociais ou pelo WhatsApp. Será um prazer auxiliá-la nessa jornada de abundância e prosperidade.

BIBLIOGRAFIA

AMORIM, D. Proporção de famílias brasileiras endividadas cai a 76,7% em dezembro, aponta CNC. *CNN Brasil*, São Paulo, jan. 2025. Disponível em: https://shre.ink/e0z4. Acesso em: 22 abr. 2025.

BÍBLIA SAGRADA. Nova Versão Internacional (NVI). Disponível em: https://shre.ink/e0zw. Acesso em: 22 abr. 2025.

BRASIL, Ministério da Educação. *Base Nacional Comum Curricular*. Brasília, DF: MEC, 2018. Disponível em: https://shre.ink/e0zZ . Acesso em: 22 abr. 2025.

IBGE. Censo 2022: Em 12 anos, proporção de mulheres responsáveis por domicílios avança e se equipara à de homens. *Agência IBGE Notícias*, 2024. Disponível em: https://shre.ink/e0Fn. Acesso em: 22 abr. 2025.

“Quando uma mulher fica rica, ela enriquece várias mulheres ao seu redor.”

Camila Guerra

Christiane Braga Nunes

As décadas de vida nos permitem mergulhar na própria experiência pessoal e profissional, e com isso ter um ponto de partida para este momento tão especial e único.

Sou Christiane Nunes, profissional com trinta anos de experiência no mundo corporativo, vivenciados em multinacionais do segmento de luxo, gastronomia e serviços financeiros, como Nespresso, American Express, Bradesco, GrandVision by Fototica, Gran Coffee e outras, além de consultorias.

Durante a minha jornada, foram muitos os desafios, conquistas e resultados. A busca por liberdade financeira, autonomia e realização motivou uma transição para o empreendedorismo no setor de bem-estar, o que só foi possível com o apoio incondicional do meu marido Pedro, dos meus pais, Bernadete e Mario, da família e dos amigos queridos, em especial Carlota, José e Thais Batista.

Gratidão sempre!

christianeobn

prosperarcombemestar

christianeobn

+ 55 11 98245-2085

Christiane O Nunes

christianeobn@yahoo.com.br

9 QUANDO A RIQUEZA EMOCIONAL SE UNE À FINANCEIRA

Por Christiane Braga Nunes

Por trinta anos construí minha carreira no ambiente corporativo em São Paulo. Foram anos de crescimento, desafios, conquistas, muitas viagens pelo mundo. Trabalhei em grandes multinacionais lidando com metas, prazos, pressões, entregas, muitos resultados e aprendizados valiosos. Porém, com o passar do tempo, comecei a sentir uma inquietação frente à rotina, antes motivadora, que se tornara desgastante. A previsibilidade, antes segura, parecia que me aprisionava. Algo dentro de mim "gritava" por mudança. E eu demorei para dar a atenção devida, pois não podia.

As questões financeiras, o sustento diário, e as minhas crenças limitantes dos modelos que sempre me foram passados do que era o "melhor" e mais valorizado – construir uma carreira, riquezas e reputação no mundo corporativo – e que me inspiraram até então e fizeram com que eu chegasse até aquele ponto, começaram a ser questionadas intensamente.

Aos 48 anos de idade, estava em um momento decisivo da minha vida. Construindo uma casa no interior a cerca de uma hora de São Paulo, buscando algo que fosse muito além do que já conhecia... Queria liberdade financeira, autonomia de horários, um novo desafio que trouxesse realização pessoal e ganhos muito maiores do que aqueles que o mundo corporativo me proporcionara até então. Não era apenas sobre dinheiro, era sobre sonhos, sentir que cada esforço valia a pena, que minha energia estava sendo investida naquilo que realmente fazia sentido para mim, para minha evolução, meu crescimento, e de todos à minha volta.

O desejo de empreender sempre existiu. Sabia do meu potencial e das minhas características, que eu podia ir além, ser a "dona" do meu negócio, do meu destino, e não apenas seguir padrões e culturas do modelo tradicional de trabalho, com regras limitantes e um teto salarial predefinido. O problema era não ter a coragem para renunciar ao que eu tinha, a mente para encontrar um novo caminho, e a atitude para realizá-lo.

Até então, estava constantemente pensando na resposta para: "Com qual marca, produto e/ou serviço eu me identifico e que se sustentará a médio e longo prazo, trazendo realização e liberdade financeira para a minha vida?". Sabia que ia trabalhar até mais do que o mundo corporativo me exigia, pois sempre fui uma *workaholic* assumida, algo inclusive valorizado na minha geração.

Passei anos refletindo sobre qual tipo de negócio abrir, em que segmento atuar, qual produto ou serviço poderia trazer sucesso e satisfação. Analisei diversas opções, mas nunca me senti realmente conectada a nenhuma delas.

Foi então que a oportunidade de trabalhar com bem-estar surgiu.

Inicialmente, encarei com curiosidade. Mas, conforme me aprofundei, percebi que havia encontrado algo que fazia sentido para mim. Mergulhei de cabeça. Estudei, participei de eventos, dei palestras, aulas, conheci pessoas incríveis, tive inúmeras trocas valiosas e aprendi tudo o que podia sobre esse universo. Rapidamente conquistei meu espaço. Pela primeira vez, sentia que estava alinhada comigo mesma. E o mais interessante é que, quando estamos bem interiormente, outras oportunidades surgem. A "natureza" conspira para que tudo ocorra.

Decidir empreender exigiu coragem – muita coragem. As decisões financeiras caminharam lado a lado com as minhas emoções ao longo dos anos. O medo do desconhecido, a insegurança de deixar para trás um caminho conhecido e seguro, e abrir mão de tudo que eu sabia, que era uma grande *expert* e bastante reconhecida, rapidamente foram superados pela euforia de ver os primeiros resultados positivos, as possibilidades e a transformação da minha vida.

As emoções são gatilhos para a forma como lidamos com o dinheiro. Quantas vezes as pessoas permanecem em situações que as limitam, apenas pelo medo de arriscar? Quantas oportunidades são desperdiçadas porque não aprendemos a ouvir nossas emoções e a usá-las de forma construtiva para nossa segurança?

Empreender é mais do que criar um negócio. É desenvolver e aprimorar habilidades essenciais: dedicação, foco, concentração, entrega além do esperado, seriedade, responsabilidade e muita resiliência. Mas, acima de tudo, é ter amor pelo que se faz. Quando acreditamos verdadeiramente no que estamos construindo, conseguimos convencer os outros, e isso faz toda a diferença!

O caminho da liberdade financeira está diretamente ligado ao equilíbrio entre razão e emoção, e cada uma tem o seu lugar. É preciso ter disciplina e planejamento, mas também é essencial estar emocionalmente conectado ao que se faz, para ser verdadeiro, inteiro, completo. A busca pela qualidade de vida não pode ser deixada de lado, pois é ela que nos sustenta na jornada. No mundo corporativo, muitas vezes sacrificamos esse equilíbrio em nome de estabilidade, promoções, reconhecimentos e *status*. No empreendedorismo, aprendemos que a verdadeira estabilidade vem da capacidade de nos adaptarmos, crescermos e buscarmos novas oportunidades.

Sem dúvida, estar em contato com a natureza é uma das melhores recompensas dessa jornada. Ter um dia a dia mais leve, longe das horas intermináveis no trânsito, sem estar cercada pelo ambiente opressor da cidade grande, é simplesmente mágico. O silêncio das árvores, o ar puro, o ritmo desacelerado traz uma sensação de paz que não tem preço. A criatividade flui melhor, as decisões são mais conscientes e a vida ganha um novo significado. Sentir essa liberdade é um presente que reafirma a cada dia que fiz a escolha certa.

Expandir as possibilidades é o próximo passo. Ampliar ferramentas, explorar novas estratégias, fortalecer meu negócio para que ele seja uma fonte crescente de realização financeira, pessoal e de prosperidade. Agora, meus sonhos deixam de ser apenas planos distantes e se tornam metas concretas. A liberdade financeira, emocional e de tempo é a maior conquista!

Olhando para trás, percebo que todas as sensações, emoções e imaginações que senti ao longo dessa jornada foram essenciais para as decisões estratégicas e racionais. O medo me fez planejar melhor. A incerteza me fez buscar conhecimento. A paixão me impulsionou a seguir em frente. E, acima de tudo, a confiança em mim mesma e nas minhas atitudes me fez tomar a decisão certa.

Se eu pudesse dar um conselho a quem está vivendo esse dilema entre estabilidade e realização, eu diria: aprenda a ouvir sua mente (razão) e seu coração (emoção). Quando estão em equilíbrio, são indicadores poderosos. O medo não deve ser um obstáculo, mas um alerta para que você se prepare melhor e reavalie o tempo correto para execução. A insatisfação pode ser um convite à mudança, e a paixão é o maior indicativo de que você está no caminho certo.

Hoje, vivo a realidade que sempre desejei. Sei que essa jornada está apenas começando; sempre haverá novos desafios, novas emoções, novas decisões a serem tomadas. O importante é seguir com coragem, com a mente aberta e com o coração alinhado aos nossos propósitos. Porque, no fim, são as emoções bem canalizadas que nos levam às melhores decisões financeiras e à vida que sempre sonhamos viver, com saúde, nutrição, bem-estar e muita prosperidade.

A verdadeira riqueza vai além dos números na conta bancária. Ela está na capacidade de viver com plenitude, de tomar decisões que respeitem nossos valores e desejos. Felicidade e sabedoria caminham lado a lado na nossa jornada.

Ser rico é ter tempo para aproveitar a vida, é ter tranquilidade para tomar decisões, é poder escolher com quem e onde queremos estar. Riqueza emocional e financeira se complementam, e quando aprendemos a equilibrá-las, experimentamos a vida em sua melhor forma: plena.

Quando nos abrimos para o novo e deixamos que tudo ocorra, que a transformação aconteça, é incrível a quantidade de oportunidades profissionais que se apresentam a nós. Vemos o quanto somos ainda mais valiosos e valorizados do que achávamos. E aí a verdadeira mágica ocorre: ter que fazer as escolhas, entre aquelas que nos trarão segurança financeira, mas sem mudar o rumo a cada dia, de acordo com o que o mundo e as pessoas esperam de nós. Mantermo-nos focados, no trilho, com prioridades, saber dizer não e trabalhar firmemente – isso com certeza nos traz a vitória. Ou melhor, a verdadeira sensação da vitória! E, assim, temos que continuar todos os dias para ir além.

A busca pelo sucesso não precisa ser exaustiva e sacrificante. Pelo contrário, quando encontramos o que realmente nos faz feliz, o trabalho deixa de ser uma obrigação e se torna uma extensão natural de quem somos. A satisfação está em saber que cada dia estamos construindo algo que nos traz realização e que gera impacto positivo na vida dos outros. Esse é o verdadeiro sentido da prosperidade. E ela se manifesta naturalmente quando o que entregamos ao mercado soluciona necessidades reais, gera valor percebido e cria conexões autênticas que fortalecem relacionamentos, impulsionam resultados e ampliam nosso impacto de forma sustentável.

Agora minha missão é continuar crescendo, expandir possibilidades e transformar sonhos em metas concretas. O próximo passo na jornada é ajudar e influenciar outras pessoas a descobrirem esse caminho que transformará suas vidas também. A liberdade que encontrei não foi apenas financeira, mas emocional e espiritual. E essa é uma riqueza que não tem preço, pois me permite viver cada dia com propósito e alegria, ao lado das pessoas que amo, que escolhi e que me valorizam, sabendo que estou no caminho certo para uma vida plena e abundante.

Cada etapa foi essencial para me transformar na mulher que escolheu mudar: trocar estabilidade por propósito, sucesso por significado, funcionária por empresária, e sonhos por atitude. Minha jornada me levou ao universo do bem-estar e do empreendedorismo, onde encontrei liberdade, paixão e realização. Que esta história o inspire a ouvir sua alma e dar o próximo passo para o tempo de prosperar. Sucesso!

"Quando a riqueza emocional se une à financeira, vivemos com plenitude, prosperidade e descobrimos a verdadeira liberdade."

Christiane Braga Nunes

Cynthia Pelogia

Sou Cynthia Kelly Pelogia, cristã e natural de Formosa do Oeste/PR. Vivi em diversas regiões do Brasil, como São Paulo/SP e Manaus/AM, além da Argentina. Hoje, resido nos EUA com meu esposo, Alex Souza, e nossa filha, Mykaella.

Sou formada em Engenharia e Administração de Empresas. Tenho MBAs em Gestão Estratégica de Negócios e Logística, além de especializações em finanças. Com mais de 25 anos de experiência em grandes indústrias na área de projetos, sou certificada Lean Six Sigma Black Belt. Nos EUA, conquistei o Green Card como profissional qualificada e atuo como agente financeiro, ajudando brasileiros a transformarem sua relação com o dinheiro.

Como empreendedora, acredito que uma gestão financeira sólida tem o poder de transformar vidas, realizar sonhos e conduzir ao verdadeiro propósito.

cynthiapelogia

sucessofinancial

+1 781-971-1871

Cynthia Pelogia

cynthia.pelogia@gmail.com

O CÓDIGO DAS

FINANÇAS

10 DINHEIRO COM PROPÓSITO: O IMPACTO NA VIDA

Por Cynthia Pelogia

Vivemos em um mundo onde o dinheiro influencia nossas escolhas e relacionamentos, mas muitos buscam riqueza sem compreender seu verdadeiro impacto, sendo incentivados a acumular sem uso estratégico ou propósito.

Aos 15 anos, tive minha primeira experiência financeira em meu primeiro emprego, ganhando menos que um salário mínimo. Valorizei cada aprendizado e cada centavo; com determinação, entendi que o dinheiro é consequência do propósito. Embora pudesse ter começado antes, segui o caminho que Deus traçou para mim.

Com meu primeiro salário, percebi que o dinheiro era limitado, e aprendi, na prática, a importância do planejamento financeiro. Inicialmente, queria comprar tudo o que desejava, mas logo entendi que precisava equilibrar ganhos e gastos. Foi assim que comecei a estruturar meu dinheiro, traçando metas e criando planos, mesmo com poucos recursos.

Minha primeira grande conquista foi a compra de um guarda-roupa branco de seis portas. Acreditem, era um sonho de adolescente... Não paguei à vista, mas planejei e comprei parcelado em doze vezes. Esse momento me ensinou uma lição valiosa: **com estratégia, disciplina e foco, é possível conquistar qualquer objetivo financeiro**. Essa experiência me ensinou que, mesmo ganhando pouco, eu poderia conquistar tudo o que desejasse, desde que me planejasse e trabalhasse para isso.

Mas, sendo uma pessoa ambiciosa, logo me perguntei: "Se quero alcançar mais, preciso ganhar mais. Como posso fazer isso?". Observando a empresa, percebi que havia oportunidades de crescimento. Então, tomei uma decisão: faria o meu melhor para alcançar o cargo mais alto o mais rápido possível.

Assim, além de aumentar minha renda e conquistar bens materiais, eu também teria acesso à forma de pensar das pessoas em posições superiores. E ali estava a chave do sucesso! A partir daí, comecei a observar as pessoas à minha frente na hierarquia e a reproduzir suas atitudes. Todos os dias, observava, aprendia e montava estratégias para atingir meus objetivos. A lição mais valiosa que carrego até hoje é simples, mas poderosa: **sempre faça o seu melhor, não importa o que esteja fazendo ou para quem esteja fazendo; simplesmente faça**.

Dizia a mim mesma todas as manhãs: "Alguém está vendo, e um dia serei reconhecida". E fui! Em menos de três anos, já estava treinando para ser gerente da loja. Essa jornada me mostrou que, quando temos propósito e determinação, o dinheiro se torna consequência de nossas escolhas e esforços. E se eu tivesse focado apenas em acumular dinheiro? Teria perdido oportunidades valiosas, passado anos apenas economizando e me privando de experiências transformadoras. Infelizmente, muitos ainda acreditam que o caminho para a segurança financeira é apenas trabalhar, poupar e guardar.

Mas a verdadeira matemática do sucesso é outra: trabalhar com propósito, ser o melhor no que fazemos e permitir que o dinheiro seja a consequência natural dessa excelência. E ter um propósito com o dinheiro envolve decisões financeiras conscientes, que busquem não só o bem-estar próprio, mas também o impacto positivo na vida dos outros e no futuro. Isso inclui planejar para o futuro, investir com sabedoria e garantir que o dinheiro trabalhe a seu favor de maneira ética e significativa.

A Bíblia nos alerta: "Pois o amor ao dinheiro é a raiz de todos os males. Algumas pessoas, por cobiçarem o dinheiro, desviaram-se da fé e se atormentaram com muitos sofrimentos" (1Tm 6:10). Esse alerta revela como a busca excessiva por riqueza pode nos afastar do propósito e nos prender a um sistema movido pelo consumo.

Quando compreendi o verdadeiro propósito do dinheiro, minha visão de futuro se tornou clara, assim como o caminho a seguir. Sabia que não seria fácil, mas estava determinada. E aqui vai meu segredo sobre finanças: encontre sua posição e permaneça nela. Tenha uma visão clara para um, cinco, dez anos, e siga firme. Como? Sempre faça o seu melhor em tudo. Seja a melhor dona de casa, o melhor engenheiro, o melhor profissional que puder. Mas, acima de tudo, seja justo e ético. O universo conspira a favor de quem age com integridade, e a verdadeira sabedoria vem do alto. Confie no tempo. A recompensa virá, e o dinheiro será apenas a consequência de suas atitudes e esforços. Não persiga o dinheiro; busque o propósito e ele virá naturalmente.

Lembro-me da minha primeira faculdade. Sonhava em ser a primeira da família a se formar, mas não tinha o essencial: dinheiro. Ainda assim, foquei no propósito e segui em frente. Muitas vezes, nem dinheiro para uma coxinha no intervalo eu tinha, mas a determinação de mudar minha história era maior que qualquer obstáculo. Hoje, não tenho apenas uma graduação, mas duas, além de dois MBAs. Como uma jovem de 15 anos, que começou ganhando menos de um salário mínimo, conquistou tudo isso? Propósito inabalável, visão clara, foco absoluto e excelência em tudo que faço. O dinheiro? Apenas a consequência de atitudes alinhadas ao meu propósito.

O dinheiro não deve ser apenas para satisfazer desejos, mas uma ferramenta para construir um legado. Sem propósito financeiro, tornamo-nos escravos da busca por ele, e afastamo-nos do que realmente importa, perdendo o controle da vida, pois o dinheiro, sem significado, não traz felicidade duradoura.

Acreditem, minha jornada não parou por aí. Quanto mais eu refletia sobre o propósito do dinheiro, mais clara se tornava a minha visão. Sonhei mais alto e me vi conquistando uma posição de destaque em uma grande empresa. Perguntei a mim mesma: "Como posso chegar lá?", e fui em busca da resposta. Pesquisei as vagas, analisei os requisitos e tracei a minha meta. No início, só tinha o diploma de administração, mas comecei a investir em cursos e acumulei três anos de experiência.

Percebi que, para alcançar meu propósito mais rápido, eu precisava compartilhar com os outros o que estava vivendo. Foi assim que minha jornada como professora começou. Ao impactar muitos com minha história e conhecimento, mostrei que era possível transformar vidas. E foi nesse processo que aprendi uma grande lição: **ao ensinar, aprendemos ainda mais do que transmitimos**.

Três anos depois, chegou o grande dia: a entrevista para a vaga dos meus sonhos. E, acreditem, eu havia superado as expectativas, ganhando mais do que o valor inicial do cargo. Resumo: foquei no propósito e fui além do que imaginava. Cheguei a um nível em que a vaga já não fazia sentido, nem financeiramente, nem profissionalmente. Por isso, digo: vivam o processo, simplesmente façam! Como eu poderia imaginar que uma simples vaga de emprego me ensinaria tanto sobre foco, processo, propósito e sabedoria profissional?

Quando você entende o jogo das finanças e o propósito do dinheiro, começa a perceber que o que realmente importa é o caminho até ele. O dinheiro surge como consequência. Mas lembre-se: nada vem fácil. E se vier fácil, pode ir embora igualmente rápido. Quem ganha grandes quantias e não sabe o propósito do dinheiro, perde-o rapidamente. Sempre digo às pessoas a quem dou mentoria: "Você está preparado para ganhar um milhão de reais?". A maioria responde que sim. Então, pergunto: "Por que você não está preparado para administrar o que tem agora?". Para estar preparado para gerenciar grandes quantias, primeiro aprenda a administrar o que você tem, seja dez reais ou dez mil. Se você não está pronto para lidar com dez reais, não estará pronto para um milhão. Tenha um propósito claro, tenha uma visão, e quando estiver preparado, o sucesso virá.

Aos 30 anos, passei por um divórcio que me levou ao negativo financeiramente. Naquela época, afirmei para alguns amigos: "Aos quarenta, terei mais de um milhão de reais". Eles riram, achando impossível. "Como alguém endividado pode alcançar isso em apenas dez anos?", pensaram. Mas eu não apenas sonhava, eu agia. E, aos quarenta, não só alcancei, como mais que dobrei esse valor. Alguns chamam de sorte. Eu chamo de propósito, foco, metas bem definidas e a coragem de enfrentar desafios de frente.

Em 2012, fiz um intercâmbio para os EUA com o propósito de entender como funciona um país de primeiro mundo. Assim que pisei lá, senti que era o lugar onde queria viver. Recomeçar do zero? Por que não? Depois de um tempo morando lá, descobri que toda a minha experiência profissional e acadêmica poderia me garantir um *Green Card*. Fiquei em choque! Nunca tinha focado isso, mas, como consequência do meu esforço, conquistei o que muitos sonham. É por isso que sempre digo: dê o seu melhor em tudo o que fizer e você alcançará até o que nunca imaginou.

Em resumo, é essencial transformar nossa relação com o dinheiro, adotando uma abordagem estratégica e consciente. Quando alinhamos nossas finanças ao nosso propósito, o dinheiro deixa de ser apenas um meio e se torna uma poderosa ferramenta para transformar vidas.

O dinheiro deve ser visto como um meio para alcançar metas maiores, e não como um fim em si mesmo. Para isso, é preciso:

- **definir seu propósito financeiro:** refletir sobre o que realmente importa e como o dinheiro pode ajudar a alcançar isso, com dedicação e intenção;
- **criar um plano financeiro alinhado aos seus valores:** usar os recursos de maneira que contribuam para seus objetivos e o bem-estar de quem você ama;
- **tomar decisões financeiras informadas:** investir, poupar e gastar de forma consciente, equilibrando presente e futuro;
- **construir um legado duradouro:** usar o dinheiro para impactar positivamente as gerações futuras, promovendo o bem comum.

Imagine um futuro em que suas finanças, alinhadas aos seus valores, se tornem uma ferramenta poderosa para realizar seus sonhos e transformar vidas. Como nos ensina Mateus 6:33: "Busquem, pois, em primeiro lugar o Reino de Deus e a sua justiça, e todas essas coisas lhes serão acrescentadas". Quando colocamos o Reino em primeiro lugar, o dinheiro deixa de ser um fim em si mesmo e se torna um meio para cumprir propósitos maiores e promover o bem comum.

Com propósito, o dinheiro deixa de ser estresse e se torna a chave para uma vida plena, a liberdade financeira e um legado duradouro, em que você é mestre, e não escravo.

Independentemente da sua condição financeira atual, investir em conhecimento é sempre o melhor caminho. Ele tem o poder de transformar vidas, abrir portas e fortalecer a sua jornada. E ninguém pode tirá-lo de você — é um bem eterno, que transcende gerações e constrói um legado duradouro.

BIBLIOGRAFIA

BÍBLIA SAGRADA. Nova Versão Internacional (NVI). Belo Horizonte: Bello Publicações, 2012.

"Quando o dinheiro está alinhado ao seu propósito, ele se torna uma força poderosa, construindo um futuro extraordinário e um legado."

Cynthia Pelogia

Dani Romancini

Sou economista com 24 anos de experiência em finanças, formada pela Universidade Federal de Uberlândia (UFU), com pós-graduação em Controladoria e Gestão de Empresas (Fundação Getulio Vargas). Especialista em Marketing de Diferenciação e Psicologia Financeira, ajudo a transformar desafios financeiros em crescimento. Acredito que controle emocional é fundamental para um bom controle financeiro, e ensino isso em minhas consultorias e mentorias. Meu propósito é levar educação financeira ao maior número de pessoas, reduzindo o endividamento. Nas redes sociais, simplifico conceitos complexos com dicas práticas, mostrando que qualquer um pode ter controle financeiro, independentemente da renda.

adaniromancini

O CÓDIGO DAS

FINANÇAS

11 O IMPACTO DAS EMOÇÕES NO CONTROLE FINANCEIRO

Por Dani Romancini

Já parou para pensar em quantas decisões financeiras você toma movido pelas emoções?

Talvez você tenha um dia difícil e, para aliviar, decide comprar algo novo. Talvez se sinta inseguro em relação ao futuro e, por isso, evita olhar para suas finanças. Ou talvez tenha crescido ouvindo frases como "dinheiro é sujo", "quem tem dinheiro não é feliz", ou "quem nasceu pobre, morre pobre", e, hoje, sem perceber, repete esses padrões.

A verdade é que dinheiro e emoção estão muito mais conectados do que imaginamos.

Por muito tempo, minhas decisões financeiras foram tomadas por emoções descontroladas. O dinheiro, que deveria ser uma ferramenta para a minha liberdade, tornou-se um refúgio, um escape emocional. Até que chegou um momento em que eu precisei encarar a verdade: ou eu assumia o controle da minha vida, ou continuaria presa em um ciclo destrutivo.

E é por isso que não basta aprender sobre finanças. É preciso entender como você lida com o dinheiro e por quê.

Neste capítulo, vou compartilhar minha história – sem filtros. Vou contar como as emoções me levaram ao fundo do poço, como dei a volta por cima e, principalmente, como você também pode transformar sua relação com o dinheiro.

Se você sente que está sempre correndo atrás, que o dinheiro nunca é suficiente ou que suas emoções sabotam sua vida financeira, este capítulo é para você. Prepare-se para enxergar o dinheiro de uma forma completamente diferente. E, mais do que isso, prepare-se para mudar.

Consumo compulsivo

Eu comprava para esquecer. Cada sacola que eu carregava nas mãos parecia um alívio momentâneo, um escape. Entrar em uma loja, escolher uma roupa nova, passar o cartão. Eu vivia presa em um relacionamento tóxico que me sugava todas as forças, e também em um ciclo de consumo que anestesiava minha dor. Eu descontava nas compras, buscando minutos de um prazer imediato.

E o pior? Eu sou economista, consultora financeira. Eu sabia o que deveria fazer. Eu ensinava outras pessoas a terem controle, a planejarem seus gastos, a tomarem decisões financeiras inteligentes. Mas, quando se tratava de mim... eu falhava.

Durante a pandemia, todos os dias, no final da tarde, eu sentia febre emocional, pelo simples fato de ter que voltar para casa. Eu tentei seguir em frente, até que chegou o dia em que eu não consegui mais. Na sacada do meu apartamento, no 13º andar, olhei para baixo querendo que aquilo acabasse, e, naquele instante, eu senti uma presença, como se Deus estivesse ali, dizendo: "Não é assim que a sua história termina".

A virada: escolher a mim mesma

O primeiro passo não foi fácil. Sempre achamos que casamentos devem durar para sempre; eu acreditei, mas nem sempre é assim. Casamento só deve ser para sempre quando faz bem. Quando vira prisão, é preciso coragem para sair.

E planejamento. Minha segurança financeira estava comprometida. Se eu quisesse recomeçar, precisava de um plano.

Meu primeiro objetivo: garantir renda suficiente para manter minhas despesas por pelo menos seis meses.

Meu segundo objetivo: limpar meu nome e recuperar minha dignidade financeira.

Meu terceiro objetivo: sair daquele relacionamento e nunca mais olhar para trás.

Mas, além do planejamento, eu tive algo ainda mais importante: apoio familiar. Porque sair de um relacionamento abusivo não é fácil. Muitas mulheres permanecem presas por medo, por dependência emocional ou financeira, por não terem para onde ir.

Então, em um domingo à tarde, eu tomei coragem e comuniquei o fim, e a reação dele foi apenas uma preocupação com as roupas limpas – como seria agora? Foi nesse instante que tudo se encaixou. Eu não era uma esposa. Eu era apenas uma utilidade.

Deixei para trás um apartamento de alto padrão, um carro luxuoso na garagem, móveis, roupas, objetos... e mudei meu padrão de vida, porque entendi: paz vale mais do que qualquer luxo.

A solidão também veio forte. Foram quatro meses completamente sozinha, refletindo. Olhei para tudo o que vivi, para cada decisão tomada, para cada erro cometido. Queria entender como eu poderia construir uma nova história sem repetir padrões do passado.

Ao mesmo tempo, o medo era constante – de não dar certo, de não ser suficiente, de não conseguir pagar minhas contas, de falhar. Mas Deus estava comigo, colocou pessoas incríveis ao meu lado, que me fizeram continuar, mesmo nos dias em que tudo parecia difícil demais.

Foi aí que tomei uma decisão radical: fazer um detox de compras.

Seis meses sem compras: a reprogramação da minha mente

Encarei um desafio: seis meses sem compras supérfluas. No início, era difícil; eu ainda tinha o hábito de entrar nos *sites* de compras todos os dias, sem nem perceber, mas fui entendendo que aquilo era sobre querer preencher um vazio que, na verdade, não podia ser preenchido com coisas.

Foi um período de reprogramação mental. De aprender a lidar com minhas emoções sem precisar comprar algo para me sentir bem. Ao final dos seis meses, eu não só tinha economizado dinheiro. Eu tinha recuperado o controle.

Os primeiros meses da nova vida foram difíceis. Mas, com o tempo, cada pequeno desafio superado foi me tornando mais forte, mais resiliente, mais determinada a nunca mais voltar para a vida que eu tinha antes. Liberdade não é sobre ter muito. É sobre precisar de pouco.

O poder do foco: quando o "porquê" é forte, o "como" se torna mais fácil

Como os recursos ainda eram escassos, isso significava que cada real que entrava precisava ser estrategicamente utilizado. E eu tinha um objetivo claro: voltar a ter um carro.

Cortei gastos supérfluos sem sofrimento. Não porque "eu precisava economizar", mas porque cada centavo tinha um propósito. Fiz escolhas conscientes. Eu não saía para lugares caros, não fazia compras por impulso, e até mesmo as saídas sociais eram pensadas com estratégia.

Deixei viagens de lado. Passei dois ou três anos sem viajar, algo que antes fazia parte da minha vida, porque entendia que aquele momento era de construção de uma base sólida. Porque quando você tem um "porquê" forte o suficiente, o "como" se torna muito mais fácil.

Muitas pessoas tentam economizar sem um propósito definido, e por isso sofrem no processo. Mas comigo foi diferente. Eu sabia exatamente o que queria e o que precisava fazer para chegar lá. O dinheiro deixou de ser um problema e se tornou meu aliado. Eu aprendi a respeitá-lo, a direcioná-lo, a usá-lo da forma mais eficiente possível. E, quando finalmente consegui comprar meu carro, não foi só uma conquista financeira, foi a prova de que eu era capaz de reconstruir minha vida do meu jeito.

Quando você sabe exatamente o que quer conquistar e por que isso importa, abrir mão de certos confortos temporários deixa de ser um sacrifício e se torna uma escolha consciente.

Da superação à mentoria Prosperamente: transformando minha dor em propósito

Minha jornada de recomeço não foi apenas uma reconstrução financeira. Foi uma reconstrução emocional. Afinal, não é a falta de uma planilha que faz alguém perder o controle financeiro. É o que a pessoa sente e pensa sobre o dinheiro.

Foi desse aprendizado que nasceu a mentoria Prosperamente, um programa que ajuda pessoas a se organizarem financeiramente começando pelo que realmente importa: as emoções. Porque antes de corrigir números, é preciso entender o que o levou a desorganizar suas finanças. É preciso identificar padrões, crenças limitantes, gatilhos emocionais. Só depois disso vem a parte técnica: construção de orçamentos, controle de gastos, planejamento financeiro.

Não se trata apenas de cortar gastos ou ajustar um orçamento. Trata-se de passar pelo processo com consciência, com um propósito forte, sabendo que ele é temporário – mas que os aprendizados serão para a vida toda.

Toda vida financeira tem solução, desde que você decida mudar

Muitas vezes olhamos para as dívidas, para o saldo negativo, para a sensação de impotência diante do dinheiro, e acreditamos que aquela realidade seja permanente.

Assim como um dia eu decidi que não queria mais viver um relacionamento que me destruía, qualquer pessoa pode decidir que não quer mais viver uma vida sem dinheiro, endividada, sem poder realizar seus sonhos. E essa decisão muda tudo.

Toda situação financeira tem uma solução. É por isso que me dedico a levar educação e organização financeira para o maior número possível de pessoas, de um jeito simples e acessível, sem exclusões. Porque sei que, muitas vezes, o que mais falta não é uma planilha ou um orçamento – é alguém que escute, que entenda e que mostre o caminho.

E essa é a conexão que crio com cada pessoa que acompanha meu trabalho. Pessoas que, muitas vezes, nunca me viram pessoalmente, mas que sentem que podem confiar em mim.

O convite para a sua própria transformação

Se você chegou até aqui, lendo minha história, saiba que essas mudanças também estão ao seu alcance. Quero que pare por um momento e reflita: você está satisfeito com a vida que está vivendo hoje?

Muitas vezes, ficamos esperando um milagre, acreditamos que as circunstâncias externas são responsáveis pelo que estamos vivendo. Colocamos a culpa no governo, na economia, no passado, nos outros. Mas a verdade é que ninguém vai mudar sua vida por você. Essa responsabilidade é sua. E isso não é um peso. Isso é um poder.

Sim, a mudança vem carregada de desafios – eu sei disso porque passei por cada um deles. Mas posso garantir: quando você encara esses desafios e supera cada um deles, a sensação que vem depois é indescritível.

Se você se identificou com esta história e sente que precisa de ajuda para transformar sua relação com o dinheiro e com as emoções que ele carrega, saiba que eu estou aqui, para ouvi-lo, para ajudá-lo a encontrar um caminho, para mostrar que, sim, sua vida financeira pode ser reconstruída, e ela pode ser muito mais feliz e incrível do que você imagina.

A única pergunta que resta é: você está pronto para tomar essa decisão?

“Nós somos os únicos seres vivos que fazemos mal a nós mesmos. Por que você gasta mais do que ganha? Porque você gasta suas emoções.”

Dani Romancini

Danilo Telles

Sou Danilo Telles, consultor financeiro, casado há dezenove anos e pai de duas filhas. Sou mentor, escritor e palestrante. Ao longo da minha trajetória, já superei diversos desafios para chegar até aqui.

Fundador da Blue Peak, uma consultoria especializada em gestão financeira empresarial. Pós-graduado em Administração pela Fundação Getúlio Vargas e pós-graduado em Educação Financeira pela Efinc. Minha missão é ajudar empresas a estruturarem suas finanças, melhorando o fluxo de caixa, analisando a demonstração dos resultados do exercício (DRE), indicadores financeiros e desenvolvendo estratégias para aumentar a lucratividade.

Por amar viajar, tornei-me um especialista no uso inteligente de cartões de crédito, pontos e milhas, ensinando como viajar mais sem gastar tanto.

danilotelles.oficial
bluepeakconsultoria
+55 (11) 98270-7310
Ensinando Finanças
Danilo Telles
danilo.telles@bluepeak.com.br

O CÓDIGO DAS
FINANÇAS

12 CRENÇAS FINANCEIRAS QUE LIMITAM O SUCESSO

Por Danilo Telles

Desde a infância, somos influenciados por crenças financeiras que moldam nossa relação com o dinheiro. Muitas dessas ideias vêm de nossos pais, avós, professores e da sociedade, criando barreiras invisíveis para o sucesso financeiro. Sem perceber, carregamos essas crenças pela vida adulta, limitando nossa capacidade de prosperar.

Este capítulo explora as principais crenças limitantes sobre dinheiro, suas origens, e como transformá-las para alcançar uma vida financeira mais saudável e abundante.

Dinheiro não nasce em árvore

Desde pequenos, ouvimos essa frase como um alerta para não desperdiçar dinheiro. Embora a intenção seja ensinar responsabilidade financeira, essa crença pode nos fazer acreditar que ganhar dinheiro é extremamente difícil e que é algo escasso. A realidade é que existem diversas oportunidades para gerar riqueza; o segredo está em desenvolver habilidades e buscar conhecimento para aproveitá-las.

Essa crença também gera um efeito psicológico de escassez, fazendo com que as pessoas tenham medo de investir e de buscar alternativas para aumentar sua renda. A educação financeira é essencial para quebrar esse padrão de pensamento e enxergar o dinheiro como um recurso que pode ser multiplicado com estratégias corretas.

<ins>Como mudar essa crença</ins>

Troque a escassez pela abundância. O dinheiro pode ser gerado de diversas formas e não é um recurso fixo. Pessoas prósperas cultivam a mentalidade de que podem sempre aprender e criar oportunidades.

Adote a ideia de que o dinheiro pode ser multiplicado, com educação financeira e planejamento. É possível fazer com que o dinheiro trabalhe para você, não o contrário.

Rico só fica mais rico e pobre só fica mais pobre

Essa crença reforça a ideia de que nossa situação financeira é imutável. No entanto, histórias de superação financeira mostram que é possível mudar de realidade por meio de educação, planejamento e mentalidade positiva. O que realmente define o futuro financeiro de uma pessoa são suas ações, e não apenas sua origem.

Essa crença também leva à vitimização financeira, na qual indivíduos culpam fatores externos por sua condição, em vez de buscar soluções. Ao aprender sobre gestão financeira e oportunidades de investimentos, qualquer pessoa pode alterar seu destino econômico.

Como mudar essa crença

Reveja histórias de sucesso. Muitas pessoas saíram de uma situação financeira desfavorável e alcançaram a riqueza com esforço e planejamento.

Invista em educação financeira, pois quanto mais você aprender sobre investimentos, gestão financeira e estratégias de renda, maior será sua capacidade de crescer financeiramente.

Evite o papel de vítima e substitua a mentalidade de que o sistema é injusto por uma visão proativa, focando em soluções e oportunidades.

Dinheiro é a raiz de todo o mal

Essa crença leva muitas pessoas a evitarem a busca por riqueza por medo de se tornarem egoístas ou gananciosas. No entanto, o dinheiro é apenas uma ferramenta: ele potencializa a personalidade de quem o possui. Pessoas generosas continuarão sendo generosas com mais recursos, e aqueles que têm boas intenções podem usar sua riqueza para gerar impacto positivo na sociedade.

Essa ideia muitas vezes tem origem religiosa ou cultural, sendo usada para justificar dificuldades financeiras e afastar as pessoas da ambição de crescer economicamente. No entanto, o dinheiro bem administrado pode transformar vidas e proporcionar maior qualidade de vida.

Como mudar essa crença

Entenda que dinheiro é uma ferramenta, ele apenas potencializa o caráter da pessoa. Se você é uma pessoa ética, o dinheiro apenas permitirá que você faça mais coisas boas.

Reflita sobre o impacto positivo da riqueza. Pessoas com recursos podem ajudar mais suas famílias, apoiar causas sociais e criar oportunidades para outras pessoas.

Trabalhe duro para ganhar dinheiro

Embora o esforço seja essencial, a ideia de que apenas o trabalho duro leva ao sucesso pode ser limitante. Muitas vezes, trabalhar de forma inteligente é mais eficaz do que simplesmente trabalhar mais horas. Investir em educação financeira, criar fontes de renda passiva e empreender são estratégias que permitem maior prosperidade sem a necessidade de sacrifícios extremos.

Os milionários de sucesso, muitas vezes, trabalham menos horas do que a média, pois aprenderam a delegar tarefas, investir corretamente e criar sistemas que geram riqueza de forma autônoma. Trabalhar duro sem um plano financeiro claro pode apenas levar ao cansaço, sem garantir prosperidade.

Como mudar essa crença

Diferencie trabalho duro de trabalho inteligente. Planejamento e estratégias bem definidos podem gerar mais resultados do que apenas trabalhar mais horas.

Aprenda sobre renda passiva, como investimentos, *royalties* e negócios automatizados, que permitem ganhar dinheiro sem necessitar de trabalho contínuo.

Valorize o tempo tanto quanto o dinheiro. Pessoas bem-sucedidas administram seu tempo de forma eficaz, delegando tarefas e priorizando decisões estratégicas.

Dinheiro é sujo

Algumas crianças ouvem que dinheiro é sujo, o que pode criar uma relação negativa com a riqueza. O subconsciente pode associar o dinheiro a algo indesejável, dificultando a sua acumulação. O dinheiro em si não é bom nem ruim, ele apenas reflete a maneira como é utilizado.

Quem acredita que dinheiro é algo ruim pode desenvolver um comportamento de autossabotagem financeira, evitando acumular riquezas ou gastando tudo o que ganha para se livrar do desconforto inconsciente que sente ao possuir alguma quantia.

Como mudar essa crença

Perceba que dinheiro é neutro, ele pode ser usado para o bem ou para o mal, dependendo de quem o administra.

Entenda que evitar o dinheiro não o torna menos importante, pois saber gerenciá-lo bem é essencial para ter uma vida equilibrada.

Substitua essa crença pela de que dinheiro é uma energia de troca: ele permite que você adquira bens e serviços e melhore sua qualidade de vida.

Se você quer algo, compre agora antes que acabe

Essa crença incentiva um comportamento impulsivo em relação ao consumo. Crescer ouvindo isso pode dificultar a construção de um hábito de poupança e planejamento financeiro. Aprender a diferenciar desejos de necessidades é fundamental para evitar dívidas e garantir segurança financeira.

O consumismo exacerbado tem base nessa crença, levando pessoas a gastar sem planejamento e a depender de crédito para manter um estilo de vida que não podem sustentar.

Como mudar essa crença

Pratique o autocontrole financeiro. Antes de fazer uma compra, reflita se realmente precisa daquele item.

Adote o hábito de planejar compras, como criar listas e estabelecer metas, para evitar compras desnecessárias.

Troque a mentalidade da escassez pela da abundância. Sempre haverá oportunidades futuras, não é preciso agir por impulso.

Como posso identificar minhas crenças limitantes?

Para superar crenças financeiras limitantes, o primeiro passo é identificá-las. Muitas dessas crenças estão enraizadas em nosso subconsciente e influenciam nossas decisões diárias sem que percebamos. Aqui estão algumas estratégias para reconhecer e entender suas crenças financeiras.

Reflita sobre suas primeiras experiências com dinheiro e pergunte-se o que você ouvia sobre dinheiro quando era criança. Seus pais falavam que dinheiro era difícil de ganhar? Existia um medo constante de ficar sem recursos? Essas primeiras experiências podem ter moldado sua relação com as finanças.

Observe seus padrões de comportamento financeiro e de como você lida com dinheiro atualmente. Você evita olhar sua conta bancária? Gasta tudo o que ganha ou tem medo de gastar? Identificar padrões de comportamento pode revelar crenças limitantes subjacentes.

Analise suas emoções em relação ao dinheiro e como você se sente ao falar sobre ele. Se você sente ansiedade, culpa ou desconforto ao discutir questões financeiras, pode haver crenças negativas que precisam ser ressignificadas.

Pergunte-se sobre suas decisões financeiras passadas, como algo que você sempre quis fazer, mas nunca tentou porque acreditava que não tinha dinheiro suficiente. Você rejeitou oportunidades por medo de perder dinheiro? Esses momentos podem indicar crenças limitantes que estão bloqueando seu crescimento.

Identifique suas frases automáticas sobre dinheiro, como "nunca terei dinheiro suficiente", "investir é muito arriscado" ou "ter dinheiro é para poucos", que fazem parte do seu vocabulário – você pode estar operando sob crenças limitantes.

Compare suas crenças com histórias de sucesso. Muitas vezes, pessoas prósperas têm uma visão completamente diferente sobre dinheiro e riqueza, o que pode ser um indicativo de que suas crenças precisam ser ajustadas.

Ao reconhecer suas crenças limitantes, você pode começar a ressignificá-las e adotar uma mentalidade financeira mais positiva e produtiva.

Conclusão

Transformar nossa relação com o dinheiro é um processo essencial para alcançar estabilidade, segurança e prosperidade financeira. As crenças limitantes que herdamos ao longo da vida podem nos impedir de enxergar oportunidades, dificultando o crescimento econômico e perpetuando padrões financeiros prejudiciais. No entanto, ao identificarmos essas crenças e questionarmos sua validade, abrimos caminho para uma mentalidade mais positiva e próspera.

A mudança começa com o autoconhecimento. Quando passamos a observar nossos comportamentos, padrões de consumo e emoções relacionadas ao dinheiro, conseguimos perceber quais são as crenças que nos limitam. Em seguida, ao reformular essas ideias e substituí-las por uma mentalidade mais construtiva, passamos a tomar decisões financeiras mais conscientes e estratégicas.

Comece agora mesmo a transformar sua relação com o dinheiro. Reflita sobre as crenças que limitam seu crescimento, questione o que você sempre acreditou como verdade absoluta e esteja aberto a aprender novas formas de lidar com as finanças.

"A mudança está
em suas mãos.
A escolha de
prosperar, também."

Danilo Telles

Créditos: Gabi Kesterin.

Diana Teodoro

Sou Diana Teodoro, catarinense de Criciúma, cristã, primogênita de Zenaide e Tiago, esposa de Cristiano e mãe do Mateus – meus maiores incentivadores desde o início da minha jornada empreendedora.

Sou técnica em contabilidade, administradora financeira e fundadora da DT Finanças, que existe para transformar a vida de empreendedores por meio da terceirização financeira com rotina, organização e inteligência estratégica.

Minha missão é simplificar o processo de organização financeira das empresas, ajudando o empreendedor a ganhar tempo e clareza nos números. Porque quando se delega o financeiro com propósito, o negócio ganha poder para crescer com consistência e foco.

diana.dtfinancas
+55 (48) 99699-3364
dianadtfinancas
diana@dtfinancas.com.br

O CÓDIGO DAS
FINANÇAS

13 O PODER DO BPO FINANCEIRO NO SEU NEGÓCIO

Por Diana Teodoro

Você já se pegou no modo empreendedor-bombeiro, apagando incêndios o dia inteiro, e, ao final da jornada, teve a sensação de que não produziu nada de verdade? Essa é a realidade de muitos empreendedores: estão tão envolvidos nas urgências diárias que não conseguem focar no que realmente importa – o crescimento do seu negócio.

O acúmulo de tarefas operacionais, especialmente as financeiras, tira energia, tempo e foco. É como estar no mar em um barco com vários furos, tentando tapá-los com as próprias mãos, enquanto a ação para resolver o problema real está sendo deixada de lado. A rotina se torna exaustiva, e a frustração cresce à medida que os resultados não acompanham o esforço investido.

Nesse cenário, o financeiro, que deveria ser o coração das tomadas de decisão, vira um peso. Muitos donos de negócios relatam sentir-se perdidos entre planilhas desatualizadas, boletos esquecidos com muitos juros pagos, e um saldo bancário que parece não refletir a realidade. Uma coisa é certa: quem está preso às emergências do dia a dia não consegue pensar no futuro.

É diante dessa dor que muitos empreendedores percebem a necessidade de delegar a parte operacional para retomar o controle financeiro da empresa. E é exatamente nesse ponto que entra o BPO financeiro – uma solução moderna, inteligente e eficaz para quem deseja parar de sobreviver e começar a viver a prosperidade do negócio. Trata-se de um modelo que não apenas resolve demandas operacionais, mas também reposiciona o empreendedor para uma atuação mais estratégica, com visão de futuro e foco nos resultados.

Mas, afinal, o que é BPO financeiro e como funciona?

BPO significa *business process outsourcing*, ou seja, terceirização de processos de negócios. No caso do BPO financeiro, trata-se da terceirização parcial ou total das demandas operacionais financeiras de uma empresa a um especialista externo.

Esse profissional ou equipe atua virtualmente, utilizando sistemas de controle financeiro, metodologias seguras e rotinas eficientes. Entre as tarefas mais comuns estão: conciliação bancária, controle de contas a pagar e a receber, emissão de notas fiscais e boletos, agendamentos de pagamentos, relatórios financeiros e apoio estratégico com base em dados reais. Todas as atividades financeiras ocorrem com transparência e com acompanhamento constante por parte do empreendedor, que mantém total acesso às informações.

Por que o BPO financeiro é uma estratégia e não apenas um serviço?

Muitos ainda enxergam o BPO apenas como "uma ajuda com as finanças", mas, na prática, ele é muito mais do que isso. Quando bem aplicado, transforma a maneira como o empreendedor se relaciona com o dinheiro e com os números do seu negócio.

Delegar o financeiro a um profissional qualificado é uma decisão estratégica, pois:

- libera tempo do empreendedor, permitindo foco em vendas, inovação e relacionamento com clientes;
- garante previsibilidade financeira, com controle efetivo de entradas e saídas;
- evita erros e atrasos, que podem gerar multas e prejuízos;
- proporciona clareza e tomadas de decisão baseadas em dados reais;
- aumenta a segurança da operação, com fluxos bem definidos, organização e profissionalismo;
- permite escalar o negócio com segurança, pois a base financeira está sólida.

Empresas que contratam BPO financeiro tendem a apresentar maior crescimento, menor índice de inadimplência e melhor saúde financeira. Isso porque deixam de atuar no improviso e passam a operar com método de rotina, organização e inteligência.

Um exemplo prático: da desorganização à virada financeira

Para ilustrar de forma prática como o BPO financeiro pode transformar a realidade de uma empresa, vou compartilhar um exemplo baseado em um dos atendimentos que realizamos, mantendo a confidencialidade do cliente por meio de um nome fictício.

Dra. Maria, dentista e proprietária de uma clínica odontológica com três colaboradoras, procurou-nos em um momento de grande frustração. Ela relatava sentir-se constantemente sobrecarregada, dividindo seu tempo entre os atendimentos aos pacientes, a gestão da equipe e, principalmente, as tarefas financeiras – que, segundo ela, "roubavam energia, causavam estresse e não traziam resultado".

Ao iniciarmos o trabalho, identificamos diversos pontos críticos: ausência de separação entre as contas pessoais e empresariais, pagamentos recorrentes de juros por atrasos, falta de controle sobre os recebimentos via maquininha, e um caixa que nunca fechava corretamente. Além disso, não havia um sistema financeiro consolidado; todas as informações estavam dispersas em anotações manuais, planilhas incompletas e capturas de tela no celular.

A primeira ação foi a realização de um diagnóstico financeiro detalhado, mapeando todos os processos e identificando os principais gargalos operacionais. Em seguida, orientamos a abertura de uma conta exclusivamente para Pessoa Jurídica (PJ), realizamos a categorização das despesas e migramos o controle para um sistema de gestão on-line, acessível tanto pela dra. Maria quanto pela nossa equipe, com total transparência.

Com a rotina estruturada, começamos a realizar a conciliação bancária diariamente, organizamos os agendamentos de pagamentos para evitar juros e multas, e criamos um fluxo de caixa projetado. Também implementamos um processo mensal de fechamento, com relatórios gerenciais e reuniões para análise dos resultados.

Em apenas três meses, os resultados começaram a aparecer de for-ma concreta. A clínica passou a operar com saldo positivo no caixa, dra. Maria reduziu significativamente os atrasos de pagamento, entendeu melhor sua lucratividade e, o mais importante, conseguiu focar novamente no que ama fazer: atender seus pacientes e desenvolver novos serviços. A sensação de alívio e controle foi evidente, e ela mesma comentou, em uma de nossas reuniões: "É como se eu tivesse finalmente virado a chave. Agora entendo que cuidar do financeiro é cuidar da empresa com responsabilidade".

Esse exemplo mostra que, mais do que números e processos, o BPO financeiro impacta diretamente a qualidade de vida do empreendedor e o desempenho do negócio. A terceirização inteligente das tarefas financeiras possibilita que o empresário retome seu papel de liderança estratégica, com visão de futuro e liberdade para fazer seu negócio crescer com segurança.

Passos para estruturar um financeiro eficiente com apoio do BPO

A seguir, apresento um roteiro que aplico com meus clientes e que pode ser útil para quem deseja iniciar essa jornada de transformação:

1. Diagnóstico financeiro atual

Entender onde está o caos é o primeiro passo. Levante todas as informações: contas abertas, despesas fixas e variáveis, inadimplência, contas pessoais misturadas às empresariais, ausência de sistema etc. Uma boa análise inicial é essencial para planejar o próximo passo.

2. Separação das contas de Pessoa Física (PF) e Pessoa Jurídica (PJ)

Misturar as finanças pessoais com as da empresa é um dos maiores erros. A primeira providência para ganhar clareza é separar completamente essas movimentações. Isso evita confusões, facilita o controle e permite visualizar os resultados reais do negócio.

3. Escolha de um sistema de gestão

Planilhas ajudam, mas com o crescimento da empresa, um sistema se torna indispensável. O BPO sugere esse recurso em sua estrutura, facilitando todo o controle. Existem plataformas acessíveis e completas que centralizam as informações e oferecem relatórios automatizados.

4. Implantação de rotina financeira

O segredo está na constância: contas a pagar e a receber organizadas, conciliação bancária diária, emissão de notas e acompanhamento de fluxo de caixa precisam ocorrer com disciplina. A rotina bem executada é o que traz tranquilidade e confiança à gestão.

5. Relatórios mensais e indicadores

É com base nos relatórios que as decisões deixam de ser "no escuro". Um bom BPO entrega informações simples e objetivas que permitem visão estratégica do negócio.

6. Reuniões periódicas para análise e ajustes

A parceria com o BPO é on-line, mas não é distante. Ao contrário, exige comunicação ativa entre as partes, um trabalho a "quatro mãos", por assim dizer; é muito importante que o empreendedor tenha interação com o BPO. Essas conversas são essenciais para corrigir desvios, identificar oportunidades e manter o foco nas metas.

Da sobrevivência ao crescimento sustentável

Fica claro que o BPO financeiro vai além de uma simples prestação de serviços. Ele se estabelece como um verdadeiro parceiro de gestão, sendo uma estratégia eficiente para vencer no jogo dos negócios.

É comum observar que, ao contratar esse tipo de solução, o empreendedor passa por uma mudança de mentalidade: deixa de reagir aos problemas e começa a antecipar cenários. A previsibilidade financeira se torna rotina, e as decisões são tomadas com mais clareza, com base em dados reais e atualizados.

Além disso, o acompanhamento profissional permite ao empreendedor identificar desperdícios, rever processos internos e até enxergar oportunidades de expansão. O apoio do BPO é um diferencial competitivo que se traduz em mais tempo, mais confiança, mais assertividade e, sobretudo, mais resultados.

Sinta a importância e o poder de um financeiro terceirizado

Se você chegou até aqui, já entendeu que o BPO financeiro não é apenas uma ajuda pontual. Ele é a base que sustenta o crescimento saudável da empresa, a ferramenta que permite que o empreendedor volte a sonhar grande – com os pés no chão e os números sob controle.

Empreender com leveza e segurança exige delegar o que não precisa ser centralizado. Ter um financeiro organizado, previsível e funcional é o que diferencia empresas que apenas sobrevivem daquelas que prosperam.

Delegar o financeiro não é abrir mão do controle – é assumir o controle da forma mais inteligente. Por isso, meu convite é simples: dê esse próximo passo. Busque apoio especializado. Conheça o poder do BPO financeiro na prática. Sua empresa, seu tempo e seus resultados merecem essa transformação. Conte comigo nessa jornada de sucesso; acesse o *QR Code* e agende um diagnóstico financeiro especializado.

“Delegar o financeiro é assumir o controle com inteligência e gerar resultados reais.”

Diana Teodoro

Créditos: Bruna Karas @brunakaras.photos.

Eduardo Pinto

Oi! Eu sou o Eduardo Pinto, um carioca vivendo em Lisboa desde 2018 e apaixonado por finanças comportamentais.

Fundei a Financcia com o propósito de ensinar finanças para brasileiros e portugueses ao redor do mundo de forma simples, prática e acessível, conectada à realidade de cada pessoa, por meio de uma metodologia própria para que tenham autonomia como base na mudança de vida. Promovemos programas de educação financeira em empresas e escolas, temos uma academia com conteúdos sobre investimentos, mentalidade e empreendedorismo, além de projetos sociais que ampliam o acesso ao conhecimento para públicos em situação de vulnerabilidade.

Minha missão é transformar vidas por meio da educação financeira e minha trajetória reflete esse compromisso.

financcia
eduardo-mspinto
www.financcia.com

O CÓDIGO DAS
FINANÇAS

14 OS PILARES DA EDUCAÇÃO FINANCEIRA TRANSFORMADORA

Por Eduardo Pinto

Por que ainda não nos ensinaram isso?

Quando somos crianças, ensinam-nos a resolver equações, decorar fórmulas químicas e entender como funciona o ciclo da água, mas ninguém nos ensina o que fazer com o primeiro salário. Ninguém explica como planejar a vida financeira ou por que é importante ter uma reserva de emergência.

Sou brasileiro, mas desde 2018 vivo em Lisboa, Portugal. A decisão de sair do Brasil e recomeçar a vida em outro país foi desafiante, mas transformadora. E se tem uma coisa que aprendi nessa jornada é que educação financeira é um pilar essencial para todos.

É curioso pensar que passamos anos na escola aprendendo sobre tantas coisas e quase nada sobre como lidar com dinheiro, um tema que está presente em praticamente todas as áreas da nossa vida. O resultado disso? Milhões de pessoas no mundo todo vivendo presas a dívidas, inseguranças e ansiedade por não saberem como tomar boas decisões financeiras.

A verdade é que nunca é tarde para começar, e este capítulo é um convite para isso. Aqui, quero compartilhar os fundamentos da educação financeira transformadora – não aquela educação feita de números e fórmulas complexas, mas aquela que transforma comportamento, que respeita a realidade de cada um e que o conduz, passo a passo, para uma vida com mais autonomia, clareza e propósito.

Educação financeira não é sobre números, é sobre comportamento

Durante muito tempo, a maioria das pessoas acreditou que ser bom com dinheiro era sinônimo de ser bom em matemática, mas a verdade é que não é preciso dominar cálculos complexos para organizar sua vida financeira.

O que faz mais diferença não é saber somar ou dividir, e sim entender como você se comporta com o dinheiro no dia a dia.

Já vi pessoas com altos salários afundadas em dívidas. E vi outras com rendas modestas construindo patrimônios sólidos ao longo dos anos. O que separa esses dois cenários? A forma como cada um lida com as suas emoções, seus hábitos e suas decisões financeiras.

Outro ponto importante: muitos dos nossos hábitos vêm da nossa história de vida – da forma como vimos nossos pais lidarem com dinheiro, daquilo que ouvimos quando éramos crianças. Frases como "dinheiro não dá em árvore" e "quem nasce pobre, morre pobre" vão moldando, aos poucos, o nosso jeito de pensar, sentir e agir em relação ao dinheiro.

Conhecer os conceitos financeiros é importante, claro. Mas o que realmente muda a vida é a aplicação desses conceitos no cotidiano. É acordar e decidir poupar, mesmo que seja pouco. É resistir a um impulso de compra. É sentar-se com o parceiro para conversar sobre finanças. É ensinar o filho a guardar parte da mesada. Pequenos gestos repetidos com intenção, que criam uma nova realidade.

Agora que entendemos esse ponto de partida, podemos avançar para a base prática dessa transformação: os quatro pilares que sustentam uma educação financeira eficaz e duradoura. Vamos a eles.

Os quatro pilares da educação financeira eficaz (metodologia PAPA)

Ao longo dos anos estudando e aplicando a educação financeira na minha vida, percebi que o que realmente funciona não são fórmulas prontas, mas fundamentos sólidos, que combinam técnica com comportamento. Foi assim que criei uma metodologia própria que reúne quatro pilares essenciais e tem ajudado muitas pessoas a transformarem suas vidas. Ela é simples de lembrar, pois segue a sigla **PAPA**, e representa não só um caminho, mas também um ciclo contínuo de evolução financeira e pessoal.

P – Planejar, Propósito e Prioridades

Tudo começa com um plano, mas planejar por **planejar** não é o suficiente. É preciso que esse plano tenha um **propósito**, algo que o motive a atingir os seus objetivos. Quando temos clareza sobre o "porquê", fica mais fácil dizer não para o que não está alinhado com o nosso objetivo. E, junto disso, vem a necessidade de definir **prioridades**. Definir prioridades é saber onde colocar o foco e onde economizar energia (e dinheiro).

A – Acreditar, Analisar e Aplicar

Muita gente desiste da mudança financeira antes mesmo de começar, porque acredita que "não tem jeito", ou que "não nasceu para isso". Mas a verdade é que é preciso acreditar em si mesmo para ter sucesso em qualquer transformação – **acreditar** que é possível mudar, mesmo que aos poucos. Mesmo que você tenha errado antes.

Depois, é preciso **analisar** a sua realidade: saber quanto você ganha, quanto gasta, onde estão os vazamentos. Isso pode parecer assustador no começo, mas é libertador. Sem esse diagnóstico, qualquer plano vira adivinhação.

Em seguida, é hora de **aplicar**. Colocar em prática esse plano. Não precisa ser tudo de uma vez. Comece pequeno, mas comece.

P – Persistir, Patrimônio e Paciência

Você já começou. Agora vem a parte mais desafiadora para muitos: manter o ritmo. É aqui que entra o terceiro pilar, talvez o mais negligenciado.

Persistir é seguir mesmo quando não se veem resultados imediatos. É continuar poupando, mesmo que ainda pareça pouco. É manter o foco quando todo mundo ao seu redor está gastando sem pensar.

Esse pilar também nos lembra do foco em construir **patrimônio**. Não é apenas sobre gastar menos, mas sobre construir algo que lhe dê liberdade no futuro: uma reserva de segurança, investimentos, ativos que gerem renda. Ter patrimônio é o que permite atingir a liberdade de escolhas.

Mas nada disso se constrói sem **paciência**. A ansiedade de querer tudo rápido pode ser inimiga do progresso. Resultados consistentes são frutos de escolhas persistentes.

A – Adaptar, Autonomia e Agradecer

A vida é dinâmica. Tudo muda: família cresce, emprego muda, imprevistos acontecem. Por isso, nesse caminho também precisamos saber a hora de **adaptar** e aprimorar o nosso plano financeiro para estar ajustado à nova realidade.

E aí chegamos a um dos pontos mais importantes de toda essa jornada: a autonomia. Ter autonomia é saber tomar uma decisão correta e assertiva com os conhecimentos adquiridos. Ter autonomia financeira é poder tomar essas decisões com consciência, segurança e liberdade. Esse é o verdadeiro objetivo da educação financeira eficaz.

Por fim, **agradecer**. A gratidão o ajuda a reconhecer o quanto você já caminhou. Comemore as pequenas conquistas e isso dará motivação para seguir com os próximos passos.

Este último pilar da metodologia reforça que a educação financeira é um processo em constante evolução. Ao chegar aqui, você não termina o ciclo, mas volta ao primeiro P, com uma nova mentalidade, mais maturidade e mais clareza. Assim, o crescimento continua.

Educação financeira no mundo real: começa em casa

Uma das coisas mais marcantes que percebi, tanto no Brasil quanto em Portugal, é como o dinheiro ainda é um tabu dentro das famílias. Em muitos lares, é mais fácil falar sobre futebol, política ou problemas de saúde do que abrir a conta bancária ou admitir que está endividado.

Mas o silêncio sobre finanças tem um preço. Quando não falamos sobre dinheiro, deixamos espaço para mal-entendidos, cobranças silenciosas, frustrações acumuladas e, o mais grave, perpetuamos a desinformação de geração em geração.

Essa é a chamada herança comportamental financeira. Atitudes que vão se enraizando na nossa mente e formam a base de como nos relacionamos com o dinheiro. Sem perceber, repetimos padrões – gastamos como nossos pais, evitamos conversas como nossos avós, e temos medos que nem são nossos. E só conseguimos mudar esses padrões quando tomamos consciência de que existem.

Falar sobre dinheiro é cuidar da família

Falar de finanças em casa não é só sobre números, como já vimos, é sobre valores, prioridades, confiança e conexão. Casais que conversam sobre dinheiro tendem a tomar decisões mais alinhadas. Pais que ensinam seus filhos sobre finanças criam adultos mais preparados para a vida.

Se você tem filhos, saiba que eles estão aprendendo sobre dinheiro o tempo todo, com ou sem a sua ajuda direta. Eles observam seus comportamentos, escutam suas frases, percebem suas emoções ao falar de contas, dívidas ou conquistas.

Educar financeiramente uma criança não significa dar aulas, mas mostrar com o exemplo. Aqui vão algumas práticas simples que funcionam muito bem:

- dê mesada (ou semanada) e oriente sobre como usar;
- ajude a dividir o dinheiro em quatro cofrinhos: necessidades, sonhos, investir para o futuro e doar para ajudar os outros;

- envolva os filhos em pequenas decisões financeiras do dia a dia;
- estimule a definição de objetivos com o dinheiro (um brinquedo, uma experiência etc.).

Atividades práticas

Faça o seu primeiro ciclo PAPA:

- escreva um objetivo financeiro claro, identificando o seu propósito;
- defina o seu orçamento mensal de referência;
- escolha uma despesa para reduzir durante o próximo mês;
- marque no seu calendário uma revisão daqui a trinta dias.

Para ajudá-lo nessa organização e planejamento financeiro, faça a leitura do *QR Code* deste capítulo para receber uma ferramenta prática. Compartilhe com familiares e amigos o que aprendeu. Falar sobre dinheiro é cuidar de quem se ama.

Educação financeira transforma vidas

Educação financeira não é sobre ficar rico. É sobre viver com clareza, segurança e liberdade. É sobre dormir tranquilo, sabendo que, mesmo que algo inesperado aconteça, você tem estrutura para lidar com isso. É sobre deixar de viver no modo automático e começar a viver com propósito.

Ao longo deste capítulo, você viu que não se trata de dominar fórmulas ou decorar regras, mas de compreender os fundamentos que realmente funcionam no mundo real, com cada um de nós e dentro de casa com a nossa família. Essa transformação não acontece do dia para a noite. Ela é construída dia após dia, escolha após escolha – às vezes com tropeços, às vezes com avanços discretos. Mas, com compromisso e consistência, ela chega, e, quando chega, muda tudo.

A metodologia que compartilhei aqui é o caminho no qual acredito e que aplico todos os dias, e ela nos ensina que essa evolução é contínua. A construção da liberdade financeira é o maior presente que você pode dar a si mesmo e à sua família.

"Transformar a forma como você lida com o dinheiro é, antes de tudo, transformar a sua mentalidade."

Eduardo Pinto

Felipe Lopes

Meu nome é Felipe Lopes. Sou casado com Fabiana Nora, pai do Murilo e do Pedro Henrique, empresário, escritor, mentor, CEO do Grupo Expertisa e de outras quatro empresas.

Empreendo desde os 10 anos e entendo a dificuldade do crescimento. Sabendo disso, escrevo livros e mentoreio pessoas que desejam trilhar um caminho de sucesso.

soufelipe.lopes

O CÓDIGO DAS

FINANÇAS

14 RELACIONAMENTOS: O PODER DO *NETWORKING*

Por Felipe Lopes

Vamos começar a entender melhor o verdadeiro poder do *networking*. Muitas vezes a gente ouve aquela frase: "É quem você conhece e não o que você sabe", e isso não é só um ditado, é uma realidade que pode mudar não apenas trajetórias profissionais, mas vidas inteiras. Muitas conexões valiosas podem surgir de conversas casuais – e quem não gosta de um bom bate-papo com um café, não é mesmo? Às vezes, simplesmente se abrir para outra pessoa pode gerar oportunidades surpreendentes e até amizades que vão além do ambiente de trabalho.

Deixe-me contar uma história. Certa vez, estava em uma palestra de um grupo de empresários chamado ClaxClube – são mais de duzentos empresários sócios do grupo, liderado por Flávio Augusto, Joel Jota e Caio Carneiro. Nesse dia, aprendemos que fazer *networking* não é ser o chato que o tempo todo quer vender algo, e sim aquele que quer servir o outro para ser servido. Todos os empresários estavam com essa missão, e após tanto servir nesse dia, pensei: "Mas, ué, ninguém me serviu".

Foi então que vieram várias surpresas: vários sócios me conectaram com outros sócios sem eu saber. Como assim? Em determinado momento, fui tomar um café e dois sócios vieram falar comigo sobre minha empresa. Já saí dali com duas reuniões marcadas. Final da história: negócio fechado, uma empresa na Espanha e outra no Brasil, e tudo surgiu por causa de um café no meio da palestra.

Nem sempre nossas interações têm que ser visivelmente grandiosas; o simples fato de se abrir a conversar pode gerar efeitos que vão reverberar por muito tempo. Com isso, aprendi que o investimento que fazemos para entrar nesses grupos são pagos rapidamente; o retorno sobre o investimento (ROI) é garantido, basta saber servir. A chave aqui, sem dúvidas, é construir uma rede de contatos genuína e com foco no que é humano.

Muitas vezes nos esquecemos de que ser honesto sobre o que realmente desejamos trocar durante esses encontros pode se transformar em uma conexão mais verdadeira. Você pode até achar estranho, mas quanto mais verdadeiro for o seu desejo de se conectar e de servir, mais as pessoas vão perceber. *Follow-up*! Ah, esse é um ingrediente espalhafatoso que pode ser decisivo para solidificar uma conexão. Já pensou no poder de um simples "como você está?" enviado após uma conversa mais interessante? Isso não apenas lembra a pessoa de você, mas diz que você se importa – e todos, pelo menos no fundo, sentimos falta desse toque humano em meio a um mundo tão digital.

Eu tenho um lembrete especial: anote em um caderninho ou no seu celular uma ideia, um projeto divertido. Fazer essas anotações ajuda a empilhar seu arsenal de interações e a não deixar tudo na memória da correria do dia a dia. Por fim, ter em mente que cada conexão pode abrir portas é importante.

Venha comigo refletir sobre isso. Quando você constrói seu *networking*, não só está criando pontes para futuras oportunidades de trabalho, mas também cultivando amizades e trocas enriquecedoras que podem suavizar a jornada da vida. Olhando de uma forma mais emocionante, essa rede também se transforma em um suporte fundamental quando precisamos. Por isso, coloque essa ideia no seu dia a dia e siga fazendo essas interações. Pode ser a sementinha que vai desabrochar em grandes mudanças. Vamos juntos nessa dança de relacionamentos? O mundo é um lugar mais cativante do que pensamos.

Sabe aquele momento em que você percebe que a outra pessoa está tão nervosa quanto você? Aliviar essa tensão é essencial. Uma vez, em um evento sobre inovação, fui me apresentar e soltei uma pergunta ridícula sobre o tempo – a verdade era que estava apenas buscando abrir um espaço. O engraçado é que, em vez de rirmos da situação tensa, acabamos mergulhando em uma conversa incrível sobre o impacto das mudanças climáticas nos negócios, e assim, sem querer, eu não apenas conheci uma nova pessoa, mas também tive uma nova ideia. O truque é ser natural.

Um exemplo prático: você pode iniciar a conversa fazendo uma observação sobre o ambiente. Se você está em uma conferência, olhe ao seu redor e comente algo que esteja acontecendo. "Olha, esse palestrante parece realmente apaixonado!" Isso cativa não só a atenção da outra pessoa, como também a sua, criando um território nessa troca de ideias. E isso precisa ser reforçado pela pergunta certa: em vez de "E aí, no que você trabalha?", que tal experimentar um "O que trouxe você aqui?". Um sorriso genuíno e uma postura aberta são convites evidentes.

Um dia, na fila de um café, deparei-me com uma pessoa interessante. O contato visual que tivemos quando pedi minha bebida formou uma conexão momentânea. A maneira como energicamente comentei sobre a minha preferência de sabores acabou se desdobrando em uma conversa significativa sobre cafés bem especiais. Vê como interações podem surgir em qualquer lugar?

Por último, mas não menos importante, praticar esses momentos repetidamente é o que vai tornando tudo mais leve. Enfrentamos muitas situações diferentes todos os dias. São oportunidades e pequenas vitórias que, ao serem somadas, criam conversas mais profundas e significativas. Eu, sinceramente, costumava me sentir um peixe fora d'água quando tentava me relacionar. Mas ao me comprometer a buscar ao menos um contato novo em cada evento a que comparecia, vi como esses nervos se transformavam em novas amizades e oportunidades.

E vale a pena lembrar: cada "não" é um tijolo nesse caminho. Então, por que não se atrever a falar com alguém novo hoje? Imagine o que isso pode desencadear! Cada conexão é uma semente com potencial de florescer em algo incrível. Armado com essa perspectiva leve e acolhedora, sua nova jornada nas interações humanas pode – e deve – começar agora. Vamos juntos plantar essas ideias e ver a magia da conexão florescer?

Ah, o mundo digital! Como ele revolucionou nossas interações, não? Quando falamos sobre *networking* digital e presencial, é bastante interessante perceber que, embora os tempos tenham mudado e muita coisa tenha migrado para a interação on-line, a essência continua a mesma. Uma coisa é certa: estar presente digitalmente é praticamente um passo essencial; mas, por favor, não subestime a conexão olho no olho. Enquanto no digital a comunicação pode ser mais rápida; o presencial permite que captemos nuances, olhares, risadas compartilhadas que adicionam muito mais textura àquela relação que vai se construindo.

Sabemos também que, com a presença on-line, vem a clássica etiqueta de como se portar. Pense comigo: é como se vestir para uma grande reunião, só que a armadura é composta por suas postagens, interações e até mensagens. Sabe aquela velha máxima sobre amarrar cadarços novos antes de sair de casa? Da mesma forma, pense no seu perfil on-line como um cartão de visitas. Vestir-se virtualmente, mostrando suas conquistas e compartilhando novidades relevantes, traz credibilidade e autenticidade.

E não posso, é claro, esquecer das redes sociais – elas são aliadas incríveis quando buscamos oportunidades à nossa volta. Eu gosto muito de conectar pessoas que admiro ou que estejam em sinergia pelas plataformas digitais. O LinkedIn, por exemplo, tornou-se uma verdadeira mina de oportunidades. É lá que você vai encontrar colegas de profissão, mentores em potencial e até mesmo aqueles que podem se tornar seus clientes-âncoras. Personalidade constrói relacionamentos verdadeiros nesse espaço; busque sempre um propósito comum. Um toque leve, uma interação interessante, um comentário autêntico... tudo isso vai gerando um campo fértil para novas conexões. Vamos direto às frentes sem deixar que as interações digitais morram em um mar de "olás" e "tchaus".

É essencial manter contato; um "Oi, como vai você?" acaba elaborando um abrigo caloroso para lembranças de conversas passadas e provoca um sorriso espontâneo em quem lê.

Algum tempo atrás, fiz isso após um evento em Gramado/RS. Enviei uma mensagem para todos com quem havia conversado, relembrando pequenos trechos do que falamos, e a interação que tive depois? Surpreendente! Isso não só solidificou as conexões, como abriu a porta para novas discussões cativantes.

Outro aspecto necessário: utilizar-se dos acompanhamentos. Você lembra do exemplo do café quando abordamos novas pessoas? Só porque a conexão foi feita uma vez, não quer dizer que não possamos nutri-la. Entendeu? Tal como regar uma planta. É muito importante que sejamos visitantes frequentes na vida de nossos contatos. Seja genuíno nas suas interações e faça disso um hábito. Quando se trata da interação digital, não se esqueça de como essa coisa toda pode ser bem divertida. Sabe aquelas situações inusitadas que surgem em meio às interações? Eu diria que são fascinantes! Uma vez, enquanto trocava mensagens com uma conexão pelo Instagram, marcamos um café pela primeira vez, e fomos surpreendidos ao perceber que tínhamos vários amigos em comum – escolhas, desafios e tudo!

O *networking* digital e presencial é um reflexo do que buscamos. Vamos tornar essas experiências memoráveis, porque, no fim do dia, é isso que faz as relações serem tão enriquecedoras. É nessa mistura que encontramos a magia do compartimento humano. Sacou? Que viagem! Vamos juntos?

O verdadeiro poder do *networking* está nessa troca constante, em que crescemos todos juntos e encantamos o dia a dia com um toque de humanidade. Prepare-se para ver essas sementes florescerem em belos vínculos que se estendem por toda a jornada!

"O verdadeiro poder do *networking* está nessa troca constante, em que crescemos todos juntos."

Felipe Lopes

Franciane Aragão

Sou Franciane Aragão, natural de Vilhena/RO, resido em Vinhedo/SP com a minha amada família: meu marido Alessandro Dias, com quem sou casada há dezesseis anos, e nossos dois filhos, Enrico, de 11 anos, e Felippo, de 10.

Sou advogada, escritora e mentora de finanças para mulheres, tendo como propósito de vida ajudá-las a organizarem sua vida financeira, mudarem a mentalidade sobre o dinheiro e construírem uma reserva financeira poderosa. Eu mesma superei esses desafios, saí do endividamento pessoal, mudei minha própria vida, e hoje coloco todo o conhecimento que adquiri em livros, cursos, treinamentos e mentorias à disposição de mulheres que têm o mesmo desejo por mudança de hábitos financeiros.

francianearagaoadv
+55 (19) 98152-5354
francianesaa@hotmail.com
www.francianearagaoadv.com

O CÓDIGO DAS
FINANÇAS

16 CRIANDO SEGURANÇA FINANCEIRA COM RESERVAS

Por Franciane Aragão

Durante muito tempo da minha vida, vivi dentro da roda do *hamster* correndo loucamente atrás do dinheiro ao mesmo tempo em que o deixava escorrer por entre os dedos; tudo o que eu ganhava, gastava. Vivia sem controle financeiro algum, esbanjando, viajando para o exterior, frequentando restaurantes caros, parcelando tudo no cartão de crédito e vivendo como se não houvesse o amanhã.

Não entendia a importância de aprender a lidar com o dinheiro e não visualizava as crenças que eu carregava desde muito nova sobre ele. Gastava por *status* social e para impressionar os amigos. É certo que essa relação não poderia culminar em algo positivo ao longo do tempo. Foi então que me vi completamente endividada, com meu nome nos cadastros negativos de registro, cartões de créditos bloqueados e respondendo a processos de cobranças sem ter a quem recorrer, sem ter feito nenhuma reserva. Uma experiência única e aterrorizante.

Tudo isso me levou a crises de ansiedade, muitas renúncias, alteração radical do custo de vida e a um olhar mais crítico para a maior culpada disso tudo: eu mesma! Foi responsabilizando-me e buscando educação financeira que consegui sair da condição de endividada para a de poupadora. Hoje, sei a importância de termos uma reserva financeira poderosa para poder nos socorrer quando houver algum imprevisto. Para isso, precisei aprender, a duras penas, a estudar e me especializar no assunto. Depois de muitos cursos, inclusive de desenvolvimento humano, entendi que toda essa situação nunca teria um fim se eu não mudasse minha mentalidade sobre o meu dinheiro. Vivia estressada, ansiosa e sentia um peso enorme ao pagar as contas; hoje, sinto satisfação ao conseguir pagar meus boletos.

Dei um passo para trás e comecei minha jornada financeira; passei a ter intimidade com o meu dinheiro e a viver em um padrão de vida abaixo do real. Passei a controlar os gastos da família e a ver onde podíamos economizar – trocamos viagens ao exterior por acampamentos em família, restaurantes caros por receitas especiais feitas em casa; passamos a escolher passeios em parques junto à natureza para recarregar as energias, e escolhemos soluções simples para distrair as crianças, como a "noite dos jogos de tabuleiro".

Com isso, além de economizar, também conseguimos desfrutar de mais tempo com a família. Diminuímos até o ciclo de amizades, ressignificamos os prazeres da vida, entendemos que consumismo, imediatismo e aparência não podiam nos levar a um próximo nível. Foi uma longa caminhada até conhecer nossa identidade e dar valor àquilo que realmente importava para nós. Nesse tempo todo em que nos conhecíamos e ajustávamos as nossas contas, parcelávamos as dívidas e negociávamos outras, pudemos perceber que começou a sobrar dinheiro para conquistarmos nossa primeira reserva financeira.

Superada toda essa situação, veio a reflexão e o entendimento de que sem autoconhecimento e definição de princípios e valores basilares, eu não poderia ter me curado. E a cura das minhas próprias feridas não poderia ser esquecida, de modo que entendi que toda essa transformação deveria ser usada para ajudar outras pessoas que possam estar passando por uma situação delicada nas finanças.

Foi aí que entendi o meu propósito de vida: usar a minha cura para curar outras pessoas. Desde então, tenho trabalhado como mentora de finanças pessoais para mulheres que desejam se organizar financeiramente e construírem sua reserva financeira poderosa, através de um método simples, organizado e sustentável, acompanhado na mentoria Elas no Controle.

Ter uma reserva financeira não só nos traz segurança, mas também tranquilidade e paz. Segundo notícia do *site* CNN, a maioria da população brasileira não consegue guardar dinheiro. Um levantamento feito pela pesquisa "Pulso 2023", da IPSOS, revela que 61% dos brasileiros não conseguem guardar dinheiro. De acordo com a notícia, o CEO da CrendaPay, Kennedy Diogenes, diz que o fato de 61% dos brasileiros não conseguirem poupar se deve à "absoluta falta de educação financeira na nossa cultura. Fomos treinados a gastar, sem guardar.

É por isso que quase 77% das famílias estão endividadas" (De Luca, 2024).

Assiste-lhe razão, uma vez que nunca fomos ensinados a tratar do nosso dinheiro, e acabamos por aprender sozinhos usando a teoria do erro e acerto. Portanto, se você chegou a este livro, já está de parabéns, pois está à frente de toda essa parcela da população brasileira que não sabe nem por onde começar.

O *site* do Serasa (2024) aborda o fato de que uma reserva financeira tem como objetivo construir um fundo a ser destinado para resolver situações imprevistas ou emergenciais. A ausência de uma reserva financeira adequada pode levar as famílias brasileiras ao endividamento, especialmente diante de imprevistos como desemprego ou emergências médicas. Sem um valor reservado para cobrir essas despesas inesperadas, muitas pessoas podem ser obrigadas a recorrer ao crédito ou até mesmo aos parentes, acumulando dívidas desnecessárias que podem comprometer a estabilidade financeira.

Um estudo do Banco Central (2023, p. 24) define saúde financeira como

> um estado no qual o cidadão possa: ser capaz de cumprir suas obrigações financeiras correntes; ser capaz de tomar boas decisões financeiras; ter disciplina e autocontrole para cumprir objetivos; sentir-se seguro quanto ao futuro financeiro; e ter liberdade de fazer escolhas que permitam aproveitar a vida.

Um dos fatores para que isso seja possível é poupar de forma constante e regular até que se torne um hábito. Mas adquirir esse novo hábito pode ser um dos maiores desafios para a pessoa que quer começar a se organizar financeiramente.

De acordo com o livro *O poder do hábito*, de Charles Duhigg (2012), para adquirir um novo hábito é preciso identificar a "deixa", a "rotina" e a "recompensa" do hábito que você quer incorporar. Aplicando esse ensinamento para se criar o hábito de guardar dinheiro, no lugar de identificar a "deixa", identifica-se um "porquê", um motivo pelo qual se deseja guardar dinheiro, seja para uma reserva financeira, seja para a realização de um sonho. Depois de identificado o "porquê", deve-se identificar o valor a ser guardado por mês, e repetir esse ato diversas vezes até que vire uma rotina. E, por fim, premiar-se a cada vez que conseguir implementar esse ciclo, que seria a recompensa do novo hábito. A cada ciclo de separar um valor e guardá-lo para construir sua reserva, deve-se usufruir de alguma recompensa, que não precisa ser algo caro, mas algo muito mais simbólico do que custoso.

Algumas estratégias simples poderão ser implementadas para auxiliar a identificar o quanto guardar por mês. A organização e o planejamento das finanças são fundamentais para você conseguir formar a reserva de emergência. Todo o planejamento começa com um bom diagnóstico da situação atual em que você se encontra e da definição de metas financeiras de curto, médio e longo prazo. Comece listando suas despesas para ter uma visão ampla de co-mo você está gastando seu dinheiro. Isso vai auxiliá-lo na identificação de gastos supérfluos que poderão ser reduzidos.

Após isso, você já conseguirá organizar o seu orçamento doméstico; ou seja, terá uma previsão dos ganhos e gastos do mês. Inicialmente, defina algo em torno de 10% de todos os seus ganhos para a sua reserva financeira. Pode parecer difícil nos primeiros meses, mas logo você conseguirá implementá-la de forma automática, podendo aumentar a porcentagem destinada à reserva de forma gradativa até chegar a 20% dos ganhos por mês, que é o ideal.

A regra de ouro para que você consiga pôr tudo isso em prática é a regra do "pagar-se primeiro", o que significa que assim que o seu dinheiro entrar na sua conta, você já deve separar o valor da sua reserva financeira como se fosse o primeiro boleto a ser pago; o ideal é que você transfira para outra conta. Essa regra traduz-se como um exercício de merecimento, em que você deixa de ser coadjuvante e passa a se colocar em primeiro lugar. Você identifica a reserva financeira poderosa como prioridade de pagamento.

Quando você se coloca em primeiro lugar, reconhece a importância de se conhecer a fundo e que esse autoconhecimento pode trazer não apenas satisfação pessoal e paz, mas também segurança financeira à medida que cada passo dado em direção ao controle das suas finanças o aproxima dos seus objetivos e sonhos. Segundo Paulo Vieira (2019, p. 225), no livro *Criação de riqueza,* a regra "pagar-se primeiro" produz crenças boas de que "mereço ter dinheiro"; "não sou escravo do dinheiro, afinal eu o possuo"; e "tenho intimidade com o dinheiro e a presença dele na minha vida não me assusta".

Entender o valor da educação financeira e implementar uma mudança de hábitos é essencial para construir uma vida financeira saudável e estável. Que a minha jornada possa inspirar outras pessoas a buscar a liberdade financeira e a encontrar o seu próprio caminho, entendendo que o desafio de se salvar é seu. Não o delegue a ninguém!

BIBLIOGRAFIA

BANCO CENTRAL DO BRASIL. *Série cidadania financeira*: estudos sobre educação, proteção e inclusão. 2ª ed. Brasília: Banco Central do Brasil, 2023. Disponível em: https://www.bcb.gov.br/content/cidadaniafinanceira/documentos_cidadania/serie_cidadania/serie_cidadania_financeira_8_endividamento_risco_2ed.pdf. Acesso em: 13 abr. 2025.

DUHIGG, C. *O poder do hábito*: por que fazemos o que fazemos na vida e nos negócios. 37. ed. Rio de Janeiro: Objetiva, 2012.

DE LUCA, A. Maioria dos brasileiros não consegue guardar dinheiro, mostra pesquisa. *CNN Brasil*, São Paulo, 31 jan. 2024. Disponível em: https://www.cnnbrasil.com.br/economia/financas/maioria-dos-brasileiros-nao-consegue-guardar-dinheiro-mostra-pesquisa/. Acesso em: 13 abr. 2025.

SERASA. A importância de ter uma reserva de emergência. *Serasa*, 3 jun. 2024. Disponível em: https://www.serasa.com.br/blog/qual-e-a-importancia-de-ter-uma-reserva-de-emergencia/. Acesso em: 13 abr. 2025.

VIEIRA, P. *Criação de riqueza*. 4. ed. São Paulo: Gente, 2019.

“O desafio de se salvar é seu. Não o delegue a ninguém!”

Franciane Aragão

Jaci Rocha

Sou empresária e CEO da Potencialize Consultoria, atuo como consultora e mentora financeira, auxiliando empreendedores a potencializar o resultado de seus negócios. Sou administradora, especialista em Gestão Financeira e pós-graduada em Planejamento Tributário e Governança Corporativa. Tenho formação em Alta Performance e carrego vinte anos de bagagem na área administrativa. Também sou palestrante e, em 2024, realizei o Potencialize Business, um evento para empreendedores com muito conhecimento e *networking*.

Sou natural de Imaruí/SC, mas resido desde 1996 em Braço do Norte/SC, onde construí minha família e onde nasceram meus dois amores, Sophie e Pedro.

jacirocha_adm

jaciara.rochadasilva

Jaci Rocha

jaci@jacirocha.com.br

www.jacirocha.com.br

O CÓDIGO DAS

FINANÇAS

17 O QUE TODO EMPREENDEDOR DEVE SABER SOBRE FINANÇAS

Por Jaci Rocha

Antes de falarmos sobre finanças, quero trazer alguns indicadores sobre as empresas no Brasil. De acordo com o boletim do Mapa de Empresas do Governo Federal (Brasil, 2025), no ano de 2024 foram abertas 4.254.903 empresas, o que representa um aumento de 9,8% em relação ao ano anterior. No mesmo período foram fechadas 2.436.190 empresas, aumento de 12,1% quando comparado a 2023. Apesar do saldo positivo, entre as empresas que abriram em 2024 e as que encerraram suas atividades no mesmo ano, é significativo o aumento das empresas que fecharam, e nos faz refletir sobre quais motivos estão levando tantos empreendedores a desistirem de seus negócios.

Pesquisas realizadas pelo Serviço Brasileiro de Apoio às Micro e Pequenas Empresas (SEBRAE) (2024) apontam que 14% das dificuldades enfrentadas no primeiro ano da empresa estão relacionadas à falta de capital de giro ou lucro. Essa mesma dificuldade também corresponde ao principal motivo de fechamento das empresas, cerca de 19% dos casos. Outro dado importante é que mais de 50% dos empreendedores perdem parte ou todo o dinheiro que investiram no negócio. Além da perda financeira, o empreendedor se sente frustrado, já que o sonho e a esperança de mudar sua vida e a de sua família acaba se tornando um pesadelo.

É fato que toda pessoa que monta uma empresa enxerga a oportunidade, seja pelo negócio em si, ou até mesmo para sobreviver. Mas muitos ignoram o planejamento. Alguns estão tão apaixonados pela ideia, que ignoram qualquer possibilidade de algo dar errado. Outros, por falta de conhecimento sobre gestão, são ingênuos e muito otimistas e encaram as dificuldades do empreendedorismo como pré-requisito para a empresa dar certo.

Muitos negócios que chegam para nós são de empresários que não sabem por que não conseguem pagar as contas, ou por que precisam estar sempre recorrendo a empréstimos para ter capital de giro, ou por que a empresa está estagnada. E quando vamos montar um diagnóstico, percebemos que a maioria desses empreendedores desconhecem o resultado da sua empresa e não conseguem organizar os dados financeiros, o que impossibilita uma análise concreta sobre a real situação do negócio. Eles se veem perdidos, e tomam suas decisões com base em "achismos", o que pode levar a consequências extremamente danosas e, em alguns casos, irreversíveis para a empresa.

Por outro lado, quando o empreendedor entende alguns conceitos e ferramentas e os coloca em prática, o resultado é transformador. Temos muitos *cases* de sucesso de empresários que conseguiram melhorar de forma significativa o resultado do seu negócio, e que perceberam que a análise e o planejamento financeiro foram o divisor de águas em seu empreendimento. E é isso que eu quero compartilhar com você, para que seu negócio seja mais um exemplo de sucesso e esteja nas estatísticas de longevidade de empresas bem-sucedidas.

Lucro e dinheiro no caixa não são a mesma coisa

Este é um erro comum: nem sempre dinheiro no caixa é sinal de que sua empresa está tendo lucro. Mas por quê? Porque o lucro é apurado com base nas receitas (vendas) deduzindo-se todos os gastos (custos e despesas) daquele período de apuração, independendo se você já recebeu ou pagou. Ou seja, não tem nada a ver com a entrada ou a saída de dinheiro.

Sua empresa pode estar no prejuízo, mas com dinheiro no caixa; isso porque você pode estar recebendo vendas que foram efetuadas no passado. O contrário também é verdadeiro; você pode estar com dificuldades financeiras mesmo que seu negócio seja lucrativo. Isso acontece quando você tem muita inadimplência ou os prazos de recebimento são muito maiores do que os prazos de pagamento, e isso fará com que haja mais saída de dinheiro a curto prazo, o que pode afetar seu capital de giro.

Saber o resultado do seu negócio faz com que você consiga planejar o fluxo do dinheiro na empresa e tomar decisões antecipadas e menos onerosas.

A margem de contribuição pode salvar sua empresa

Certa vez, atendemos um cliente cuja vida mudou quando ele entendeu o conceito de margem de contribuição. A margem de contribuição nada mais é do que o que sobra depois de pagar os gastos variáveis – alguns podem chamá-la de margem bruta. Quando analisamos um negócio, conseguimos projetar qual seria a margem de contribuição ideal para que a empresa consiga pagar todos os gastos fixos e ainda ter o lucro desejado pelo empreendedor.

Sabendo disso, é possível fazer análises de quais produtos não estão com margens de contribuição adequadas e tomar ações que possam viabilizar esses itens, tais como reduzir os custos de matéria-prima, ajustar a comissão do vendedor ou até mesmo fazer um planejamento tributário que possa reduzir os impostos incidentes.

Além disso, sabendo qual é a margem de contribuição de um negócio, conseguimos encontrar o ponto de equilíbrio da empresa – ou seja, qual é o faturamento mínimo necessário para cobrir os gastos fixos, sem dar lucro – e fazer projeções em que é possível prever, com base na margem de contribuição, qual seria o faturamento ideal para que a empresa dê o lucro pretendido pelos sócios.

Reduzir custos nem sempre é a solução

Algumas empresas necessitam de um gasto mínimo para rodar suas operações. Em alguns casos, esse mínimo já vai exigir da empresa um faturamento que possa suprir esses gastos, e que ainda dê lucro. Por exemplo, tivemos um cliente que já tinha seus gastos enxutos e, mesmo assim, o resultado do negócio fechava no prejuízo. A única forma de melhorar seria aumentando o faturamento, pois a empresa tinha potencial produtivo e comercial de crescer, mas no momento estava operando com apenas 50% da capacidade. Costumo dizer que é como se você estivesse com uma Ferrari andando a 50 km/h. Então, nesses casos, aumentar as vendas é a ação que irá virar o jogo da sua empresa.

O crescimento é a fase mais perigosa de uma empresa

Grande parte dos empreendedores, quando monta seu negócio, sonha com o crescimento da empresa, com a expansão, em ter uma equipe autogerenciável, com filiais etc. Mas quando isso começa a acontecer na prática, surgem inúmeros desafios. O primeiro deles é formar um time e ter pessoas comprometidas com o processo e o resultado. O segundo desafio é delegar, e não "delargar". Não basta passar o que precisa ser feito, é preciso manter o controle, as cobranças e o resultado.

É nesse momento que percebemos que as coisas começam a fugir do controle. O empreendedor não dá conta de tudo – as informações que antes ele lembrava, hoje a memória não consegue processar. Muitas vezes, ele deixa de lado a análise dos números porque quer estar em todas as operações, o que já não mais comporta. E tudo vai virando uma bola de neve: aparecem os conflitos, o resultado da empresa cai as decisões são tomadas no impulso, e ele só vai perceber isso quando começa a faltar o dinheiro.

Então, tenha atenção ao crescimento, treine pessoas, mantenha os controles, analise sempre os números da sua empresa. Acompanhar o resultado é tão importante quanto vender. Não tenha pressa em crescer. Tenha agilidade em controlar, analisar e agir rápido. Mais importante que o crescimento é a longevidade da empresa. Temos muitos exemplos de crescimento rápido em que a queda foi tão veloz quanto a ascensão.

Aumento de vendas não significa aumento de lucro

Aumentar o faturamento pode não vir acompanhado de um aumento no lucro. Como assim? Em alguns casos, o crescimento das vendas pode acarretar um aumento significativo nos gastos, sejam eles de mão de obra, logística, carga tributária, entre outros, que podem acabar corroendo o lucro que essa nova operação teria.

Com isso, é fundamental fazer projeções e simular o impacto desse crescimento, com o intuito de traçar ações para que esse aumento tenha reflexo positivo imediato também no lucro da empresa.

Invista até um terço do seu lucro

Já me perguntaram quanto do lucro a empresa pode investir. O limite para comprometer o lucro seria de até um terço. Ou seja, se seu negócio tem um lucro de 15%, você poderia investir até 5%; assim, você ainda teria 10% para capital de giro e poder distribuir para os sócios.

Vimos muitos empreendedores que, por não saberem o resultado do seu negócio, assumiram investimentos muito maiores que o lucro da empresa, o que ocasionou na falta de capital de giro e na busca por capital de terceiros, a um custo elevado, para conseguir honrar com os compromissos. Além disso, comprometer todo o lucro da empresa, principalmente quando o segmento é muito volátil, pode trazer danos irreparáveis para o negócio.

Não tenha medo de pedir ajuda

Não deixe para pedir ajuda quando sua empresa não tiver mais crédito, ou quando estiver com um endividamento que faz com que você não consiga mais honrar com seus compromissos, ou quando suas despesas financeiras acabarem com o seu lucro. Se você não conhece ou não entende sobre lucro, margem de contribuição, fluxo de caixa, orçamentos e projeções, busque ajuda. Não espere ficar sem dinheiro para melhorar o seu negócio. E ainda que a situação não esteja tão precária, muitas das empresas que atendemos conseguiram retornos ainda melhores, mesmo já tendo um resultado financeiro relativamente bom.

Entender sobre gestão financeira pode transformar a sua vida e a vida de todas as pessoas que dependem direta ou indiretamente do seu negócio. Não pense que isso não é para você. Independentemente da sua área, seu segmento, sua idade, ou qualquer outra objeção que esteja colocando para adiar a busca por conhecimento, quero dizer para você que o impossível é uma questão de escolha!

Decida transformar sua empresa em um *case* de sucesso. Transforme sua vida por meio do seu negócio. A escolha é sua, e o resultado também!

BIBLIOGRAFIA

BRASIL. Ministério do Empreendedorismo, da Microempresa e da Empresa de Pequeno Porte (MEMP). *Mapa de Empresas*. Brasília, DF: MEMP, 2025. Disponível em: https://www.gov.br/empresas-e-negocios/pt-br/mapa-de-empresas. Acesso em: 9 mar. 2025.

SEBRAE. *Causa mortis*. São Paulo, 2014. Disponível em: https://sebrae.com.br/Sebrae/Portal%20Sebrae/UFs/SP/Anexos/causa_mortis_2014.pdf?utm_source=chatgpt.com. Acesso em: 9 mar. 2025.

“O impossível
é uma questão
de escolha.”

Jaci Rocha

Jéssica Morais

Mestre em Administração com foco em inovação de baixo custo para a indústria, MBA em Gestão de Negócios e graduada em Administração. Atuo há mais de quinze anos no setor financeiro, com experiência em gestão de fluxo de caixa, liderança de equipes, organização empresarial e planejamento estratégico. Já acompanhei mais de 320 empresas e diversos clientes em atendimentos de consultoria financeira pessoal e empresarial. Sou filha, esposa, gestora do meu lar e da minha família. Construí minha trajetória com esforço, valores e muito afeto ao lado da minha mãe e do meu marido. Hoje, sou estrategista financeira e fundadora do Acredita na Jé, unindo técnica e acolhimento para transformar a relação de pessoas e empresas com o dinheiro.

acreditanaje
+55 51 99352-9519
jessica-morais

O CÓDIGO DAS
FINANÇAS

18 PROSPERIDADE COMEÇA COM PENSAMENTO POSITIVO

Por Jéssica Morais

Talvez você já tenha ouvido uma história parecida, ou talvez essa seja a primeira vez que escute algo assim.

Eu tinha 14 anos quando minha vida mudou completamente. Meus pais se separaram e, de repente, tudo que antes era familiar e estável passou a ser novo, desafiador e, por vezes, incerto. Saí de uma rotina de classe média tradicional para começar uma nova jornada ao lado da minha mãe – uma mulher forte, que, com muito orgulho, começou a trabalhar como doméstica para garantir que nada nos faltasse.

Apesar das dificuldades, minha mãe sempre dizia algo que ficou gravado na minha memória: "Filha, você pode ser o que quiser nesta vida". Ela não sabia exatamente como isso aconteceria, mas acreditava, do jeito dela, que se eu estudasse, teria escolhas. E, naquele momento, isso era tudo o que eu precisava.

Foi nesse contexto de recomeço que precisei tomar decisões importantes sobre meu futuro. E, como se os desafios já não fossem suficientes, ouvi do filho de uma das patroas da minha mãe que eu provavelmente não me formaria. Doeu. Mas, ao mesmo tempo, acendeu algo dentro de mim.

Lembro-me exatamente do momento em que, em um dia comum, peguei-me pensando: "Eu vou entrar na faculdade e vou me formar, mesmo que dê muito trabalho. Mesmo que hoje pareça impossível". Naquele instante, sem perceber, eu fiz minha primeira escolha consciente: acreditar. E foi aí que tudo começou a mudar. Pesquisei sobre vestibulares, corri atrás de bolsas de estudo, consegui dois empregos durante a faculdade e, aos poucos, fui construindo minha independência. A administração e as finanças, que surgiram como uma renda extra naquela época, hoje são o que me move. E tudo isso começou com um pensamento positivo: eu posso.

Acreditar é uma escolha (e muda tudo)

A vida, muitas vezes, convida-nos a viver no automático – a seguir caminhos que já estavam prontos ou que pareciam ser os únicos possíveis. Mas há quem, mesmo diante das dificuldades, escolha descobrir novas rotas. A diferença está aí.

Lembro-me de uma colega da faculdade que me marcou profundamente. Ela ajudava a tocar a empresa da família, adquirida pelo marido depois de ter sido funcionário por anos. Ele cuidava da parte técnica e ela assumia toda a área administrativa, comercial e financeira. Não era exatamente o que ela sonhava para si, mas escolheu estudar Administração para ajudar. Era movida por um propósito maior do que o conforto. E essa é a essência: acreditar não é um dom que nasce com alguns – é uma decisão que transforma destinos. Essa colega não fazia só o que precisava, mas se dedicava com propósito à chance de construir algo maior, de fazer diferente.

Mentalidade: a semente que antecipa os frutos

Muita gente olha o agora e imagina que tudo aconteceu rápido. Mas a verdade é que houve um tempo em que o que eu mais fazia era acreditar – porque os resultados ainda não tinham chegado. Foi nesse tempo que plantei as sementes mais importantes da minha história.

Enquanto ainda fazia faculdade, comecei a estudar finanças por conta própria. Dediquei-me, testei, errei, acertei – e transformei isso em uma habilidade que poderia impactar vidas. Esse processo foi construindo não só uma carreira, mas uma mentalidade.

Conceitos como *mindset* de crescimento e inteligência financeira emocional se tornaram parte da minha prática antes mesmo de eu conhecê-los por esses nomes. Mais tarde, ao estudar autores como Napoleon Hill, Paulo Vieira e Gustavo Cerbasi, senti que eles estavam colocando em palavras tudo aquilo que eu já havia vivido na pele.

Cerbasi, em especial, sempre trouxe uma visão madura e estratégica sobre como as decisões financeiras moldam nossa vida – e como prosperar não é apenas uma questão de renda, mas de escolhas conscientes, alinhadas com o que se deseja viver. Seus livros e conteúdos me ajudaram a consolidar muitos conceitos que já faziam parte do meu dia a dia, mesmo antes de eu entender que havia uma metodologia por trás deles.

O que você procura, você encontra

A mente é poderosa. Muito mais do que a gente imagina. Ela busca confirmar aquilo em que acreditamos – e, se acreditamos que algo vai dar errado, começamos a enxergar sinais disso por todos os lados. Mas o contrário também é verdade: quando escolhemos pensar positivo, passamos a encontrar caminhos, oportunidades e motivos para continuar.

Lembro-me com muita clareza de quando isso se tornou real na minha vida. Já estava há alguns anos na faculdade quando consegui um trabalho no qual permaneci por bastante tempo. Entrei como auxiliar e saí como analista plena de custos. Foi uma empresa onde aprendi muito, com uma das melhores gestoras que já tive.

Mas a rotina era exaustiva – trabalhava o dia todo, estudava à noite e percorria quase 200 km por dia entre casa, trabalho e faculdade.

Quando surgiu uma vaga a menos de 10 minutos da faculdade, com um salário um pouco melhor e a promessa de um ritmo mais leve, aceitei. A ideia de dormir duas horas a mais por dia me encheu os olhos, e o corpo, já cansado, gritou "sim!". Mas a realidade foi outra. Encontrei um ambiente hostil, lideranças ultrapassadas e um clima de trabalho que me sugava. Chorava ao chegar em casa, sem vontade de voltar no dia seguinte.

Parecia que eu tinha trocado tudo que funcionava por um alívio momentâneo – e pagado caro por isso. Cheguei a pensar que havia cometido o pior erro da minha vida profissional.

Mesmo assim, escolhi acreditar que aquilo poderia me levar a algo maior. Eu já vendia cosméticos e mantinha consultorias como renda extra – e, com o apoio do meu marido, decidi sair e me dedicar a isso por um tempo. Foi aí que tudo começou a fazer sentido. Aquela escolha que parecia errada acabou sendo a porta de entrada para o meu próprio negócio.

Hoje, olho para trás e vejo com clareza: se eu tivesse me fechado no sentimento de culpa, talvez tivesse perdido a chance de recomeçar. Mas, porque escolhi pensar que ainda havia algo bom em meio ao caos, minha mente encontrou o caminho.

Pensar positivo não elimina o trabalho, ele apenas ganha direção

Muita gente olha para o que construí até aqui e resume como "sorte". Outros, lá atrás, diziam que eu não vivia. Que estava perdendo os melhores anos da minha vida por não estar em festas ou viagens. Mas o que poucos sabiam era que eu estava exatamente onde queria estar.

Sempre fui caseira, e os momentos que me recarregavam não estavam na agitação, mas nos meus silêncios, nos livros, nas metas que eu traçava com brilho nos olhos – e até em um passeio calmo com amigos, como uma ida à praia. A mentalidade de prosperidade não é sobre negar os desafios, mas sobre se perguntar: "O que posso aprender com isso? Como isso me aproxima do que quero viver?". Essa mentalidade nos tira do modo sobrevivência e nos coloca no modo construção. Claro que a prosperidade financeira exige estudo, estratégia e ação. Mas tudo começa com a permissão interna de acreditar que é possível.

A diferença está aí: entre quem trabalha para se manter vivo e quem trabalha para viver algo maior. O esforço existe nos dois casos – mas, quando você acredita que merece prosperar, o caminho se abre de outro jeito.

De dentro para fora: dinheiro começa na mente

De agora em diante, vamos entender mais sobre como começar a prosperar. Afinal, o que você realmente sabe a respeito de prosperar? Prosperidade vai além do financeiro: é liberdade, impacto, segurança e realização. Ela se manifesta tanto nos resultados visíveis quanto nos invisíveis – aqueles que nascem da sua decisão de acreditar.

Não é sobre vencer sempre – é sobre avançar sempre que possível.

Por exemplo, recentemente acompanhei de perto a história de um empresário que saiu de um faturamento de R$ 200 mil para ultrapassar a marca de R$ 1 milhão. Sem formação acadêmica formal, mas com clareza de propósito, sempre que precisou, buscou apoio técnico em financistas e contadoras. E, mais importante: acreditou. Acreditou que era possível prosperar – e isso mudou o jogo.

A prosperidade como consequência

Acreditar foi só o começo. Mas é a ação – constante e intencional – que transforma visão em realidade. Prosperar, para mim, não é acumular, é conquistar autonomia. É poder fazer escolhas alinhadas com os próprios valores. É ter segurança, realizar, e impactar – sem perder de vista o equilíbrio e a liberdade.

Ao longo do caminho, os resultados foram se tornando visíveis: não só concluí a graduação, como fiz MBA, mestrado com bolsa, e sigo investindo em conhecimento. Compramos nosso primeiro carro à vista – e, hoje, já estamos no segundo, também quitado.

Para quem cresceu ouvindo que "esse lugar não é para você", esses marcos representam mais do que bens materiais – são símbolos de construção consciente.

Com o tempo, também passamos a apoiar minha mãe de forma mais ativa, buscando retribuir, com conforto e presença, tudo o que ela sempre fez por nós. Hoje, ela continua sendo uma peça essencial na nossa vida, ajudando no dia a dia e cuidando de nós com o mesmo amor e força que sempre demonstrou.

Estamos reformando nossa casa com planejamento, fazendo tudo à vista. Meu marido está terminando a faculdade e trabalhando com o que ama. É um momento de muito trabalho, sim – mas também de realização plena.

Atendo meus clientes de forma independente, cuido do comercial, da gestão e da entrega da consultoria. Já desenvolvo cursos com turmas cheias e lista de espera.

Foi no meio disso tudo que este capítulo de livro nasceu, como uma forma de materializar um ciclo que começou com o acreditar, e hoje se sustenta no planejamento e na execução.

Nem todos os dias são fáceis. A instabilidade existe, as dúvidas aparecem. Mas sigo com clareza, porque sei o que construí. Tenho uma rede de apoio sólida.

Continuo escolhendo, todos os dias, manter o movimento. Porque não se trata de vencer sempre. Trata-se de seguir avançando com consciência.

E isso é prosperar.

BIBLIOGRAFIA

CERBASI, G. *Casais inteligentes enriquecem juntos*. São Paulo: Gente, 2004.

CERBASI, G. *Mais tempo, mais dinheiro*. São Paulo: Gente, 2016.

HILL, N. *Quem pensa, enriquece*. São Paulo: Gente, 2004.

VIEIRA, P. *O poder da ação*. São Paulo: Gente, 2015.

"Pensar positivo é uma escolha consciente. Acreditar abre caminhos e atrai prosperidade – na vida, nos negócios e no impacto que geramos."

Jéssica Morais

Lucas Spínola

Sou sócio-proprietário da Nexfort Capital, graduado em Administração, e atuo há mais de dez anos como consultor financeiro especialista em finanças empresariais, finanças pessoais e mercado de investimentos. Com clientes em quatro estados do Brasil, já transformei mais de 1.500 pessoas e empresas, ajudando a organizarem suas finanças e alcançarem a liberdade financeira.

Comecei minha carreira como assessor de investimentos e logo me especializei na área financeira, em que atuei como consultor autônomo até fundar a Nexfort. Atualmente, além de mentorias em grupo para empresários, temos cursos, ferramentas financeiras, conteúdos educativos, assinaturas e consultorias para finanças e investimentos, ajudando quem busca melhorar sua relação com o dinheiro e construir um futuro com investimentos.

nexfortcapital

lucasspinolaconsultor

+55 (66) 99226-5671

Lucas Spínola

nexfortcapital@gmail.com

O CÓDIGO DAS

FINANÇAS

19 LIBERDADE FINANCEIRA: PLANEJAR, ORGANIZAR E INVESTIR

Por Lucas Spínola

Quando falamos em finanças, o que vem à sua mente? Muitos dizem: dívidas, boletos, dinheiro, contas, descontrole... Isso acontece porque, no Brasil, a falta de educação financeira faz com que o dinheiro seja visto como um problema. Diferente de países desenvolvidos, onde esse tema é ensinado desde a infância, aqui a maioria das pessoas terminam a faculdade sem sequer aprender a gerir suas próprias finanças.

Curiosamente, finanças não são apenas números e cálculos – esses representam apenas 30% do processo. Os outros 70% estão ligados ao comportamento. Isso explica por que muitas pessoas, ao imaginarem o dinheiro da Mega-Sena, pensam em gastar com carros de luxo, mansões, barcos, helicópteros, mas poucos falam em investir para construir um patrimônio e garantir uma renda passiva.

O imediatismo também influencia essa mentalidade. Muitos preferem viver os prazeres do hoje, sem pensar nas consequências futuras. Para essas pessoas, abrir mão de um padrão de vida hoje para garantir a liberdade financeira nos próximos anos parece um sacrifício impossível, mas isso está mais ligado à falta de força de vontade do que à dificuldade de alcançar esse objetivo.

E o que podemos fazer para mudar essa realidade? Como posso entender mais sobre educação financeira e alcançar meus objetivos de vida? A resposta é simples: planejando, organizando e investindo.

Objetivos de vida

Essa é a hora de planejar quais são os seus objetivos de vida, com nome, data e valor. Dessa forma, você obriga seu cérebro a visualizar de forma mais concreta aquilo que você quer alcançar. Lembre-se sempre: nós só alcançamos aquilo que visualizamos.

Divida esses objetivos em três "caixas";

- curto prazo: realizar em até 2 anos;
- médio prazo: realizar entre 2 e 5 anos;
- longo prazo: realizar acima 5 anos.

O ideal é que você coloque pelo menos dois objetivos em cada um dos prazos.

CURTO PRAZO (até 2 anos)	MÉDIO PRAZO (2 a 5 anos)	LONGO PRAZO (acima de 5 anos)
Nome: Data: Valor:	Nome: Data: Valor:	Nome: Data: Valor:
Nome: Data: Valor:	Nome: Data: Valor:	Nome: Data: Valor:

Organização dos gastos mensais

A maioria das pessoas acha que ter uma vida financeira saudável se resume a apenas não gastar mais do que se ganha; porém, precisamos entender se as finanças estão equilibradas, por mais que não haja prejuízos mensais.

Para isso, nós desenvolvemos dentro da Nexfort um modelo com cinco orçamentos financeiros em que você encaixa cada um dos seus gastos em seu devido lugar. Dessa forma, quando chega no final do mês, conseguimos entender para onde foi o dinheiro e o que podemos melhorar no mês seguinte.

Esses orçamentos têm percentuais ideais baseados nas receitas do mês.

1. Gastos essenciais: até 55% das receitas do mês.

   Exemplos: energia, água, aluguel, supermercado, saúde, escola, trabalho, educação etc.

2. Empréstimos e financiamentos: até 25% das receitas do mês.

   Exemplos: dívidas, renegociações, empréstimos, financiamentos etc.

3. Estilo de vida: até 25% das receitas do mês.

   Exemplos: bares, restaurantes, academia, cinema, roupas, calçados, salão de beleza, barbearia etc.

4. Despesas eventuais e doações: até 25% das receitas do mês.

   Exemplos: viagens a lazer, férias, aniversários, presentes, doações etc.

5. Investimentos: no **mínimo** 10% das receitas do mês (nesse caso, não há um limite).

Exemplos: ações, renda fixa, fundos, previdência, consórcios, seguro de vida, terrenos, obras etc.

Lembrando que os percentuais ao lado de cada orçamento representam limites ideais em relação à receita do mês, mas no somatório total não deve ultrapassar 100% – se um estiver mais alto, deve-se equilibrar com os outros, desde que os mais altos não extrapolem esses “limites ideais”, que servem como um parâmetro a ser seguido.

Para o orçamento dos investimentos, você deve separar o valor assim que receber suas receitas – dessa forma, você não corre o risco de “investir o que sobrar”. Seguindo essas distribuições, você sempre terá uma vida financeira equilibrada.

Reserva financeira

Essa é, de longe, uma das suas maiores prioridades quando falamos de investimentos. Isso porque é a reserva que vai salvá-lo em momentos de emergências e também garantir que você esteja pronto para oportunidades que surgirem. Ter uma reserva financeira ajuda a garantir a segurança dos seus outros investimentos, evitando que você venda algo que planejou para médio e longo prazo de forma antecipada, muitas vezes amargando prejuízos.

Para construir uma boa reserva financeira é preciso calcular seis meses dos seus gastos essenciais. Vamos supor que, em média, seus gastos essenciais sejam cerca de R$ 3.000 por mês. Nesse cenário, a sua reserva ficaria assim:

- 6 x R$ 3.000 = R$ 18.000

Lembrando que esse valor para a reserva vem do orçamento de **investimentos**, aquele que separamos no mínimo 10% do que recebemos. Caso você não tenha nenhum valor de reserva, é interessante que, desses 10% dos investimentos, você separe mensalmente a metade para construí-la, e o restante seja distribuído para outros objetivos de vida.

Vou montar um exemplo a seguir para ficar fácil de visualizar, usando como exemplo uma pessoa que ganha R$ 5.000 por mês e não tem reserva financeira.

- Investimentos: 10% das receitas mensais = R$ 500.
  - 50% para **reserva** = R$ 250.
  - 25% para **viagem** (1 ano) = R$ 125.
  - 25% para **aposentadoria** (20 anos) = R$ 125.

Entendeu a importância da reserva? Nesse exemplo, ela garante que a pessoa continue os objetivos da viagem e da aposentadoria caso alguma emergência aconteça.

Aposentadoria pública (INSS) x investimentos

Hoje, é impossível falarmos sobre aposentadoria e não lembrarmos do INSS; porém, quero trazer um cenário para mostrar que, se hoje você pensa em depender dele para ter uma boa aposentadoria, infelizmente terá uma vida financeira frustrante e limitada. O INSS é um modelo **insustentável** e **injusto**.

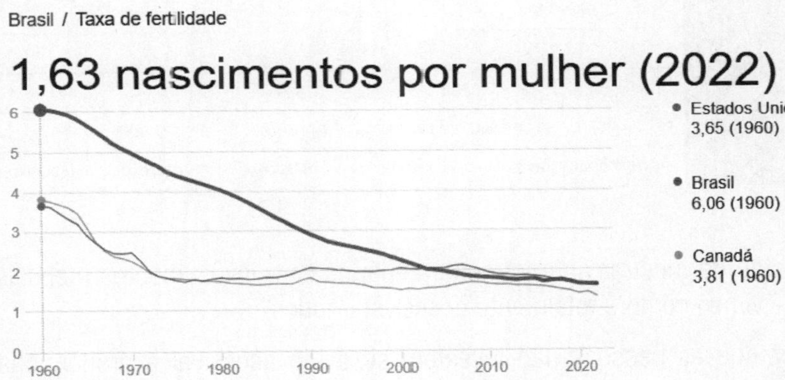

Fontes: Banco Mundial

Enquanto em 1960 tínhamos uma taxa de seis nascimentos por mulher, em 2022 esse valor caiu para uma média abaixo de dois nascimentos. No INSS, você contribui durante anos de trabalho e, quando se aposenta, usufrui de um valor mensal proporcional a essa contribuição; ou seja, não existe um valor total guardado que você acumulou nesses anos.

Nesse formato, quem está trabalhando hoje, paga para quem está aposentado. Porém, dia após dia, temos cada vez mais pessoas se aposentando e menos pessoas nascendo. Percebe o tamanho do problema?

Então eu pergunto: quem irá garantir a aposentadoria para seus filhos, netos ou até mesmo para você?

Além disso, temos um cenário injusto. Em 2025, o teto mensal de aposentadoria pelo INSS é de R$ 8.157,41; para isso, você deve contribuir em média com R$ 900 por mês por aproximadamente trinta anos.

No mercado de investimentos, conseguimos, de forma segura, rendimentos de 1% ao mês atualmente; se considerarmos esse mesmo valor de R$ 900 pelos mesmos trinta anos, chegaríamos a um patrimônio total de **mais de R$ 3 milhões**, o que daria uma renda aproximada de R$ 30.000 por mês.

Isso porque estamos falando de investimentos seguros que podem ser resgatados a qualquer momento; mas é possível construir carteiras de investimentos a longo prazo com potenciais de rentabilidade bem maiores. Nossos clientes, por exemplo, têm em média rentabilidades de 1,5% ao mês.

INVESTIMENTO MENSAL	R$ 900,00		R$ 450,00		R$ 200,00	
RENDIMENTO MENSAL	1,5% ao mês					
PRAZO	30 anos	20 anos	30 anos	20 anos	30 anos	20 anos
PATRIMÔNIO TOTAL	R$ 12.702.226,85	R$ 2.077.968,93	R$ 6.351.113,43	R$ 1.038.984,47	R$ 2.822.717,08	R$ 461.770,87
RENDA MENSAL	R$ 190.000,00	R$ 31.000,00	R$ 95.000,00	R$ 15.500,00	R$ 42.000,00	R$ 6.900,00

Fiz questão de mostrar anteriormente cenários com investimentos mensais baixos – viu só como é totalmente acessível a todos?

Mas por que as pessoas não investem se é tão acessível e proporciona rendimentos bem melhores? A resposta é uma só: **falta de educação financeira**.

Agora é seu momento de agir e ir atrás da sua liberdade financeira. Planeje seus objetivos, organize seus gastos e faça investimentos.

Sabemos que nessa jornada podem surgir dúvidas, principalmente nos investimentos, então eu convido você a entrar em contato conosco por meio de nossas redes sociais – será um prazer ajudá-lo a trilhar esse caminho. Temos uma equipe profissional completa, com ferramentas e plataformas para orientá-lo em todos os seus passos.

BIBLIOGRAFIA

WORLD BANK. World Development Indicators – Nascimentos por mulher. Disponível em: https://datatopics.worldbank.org/world-development-indicators/. Acesso em: 14 abr. 2025.

“Liberdade financeira não é sobre o quanto você ganha, mas sobre cada decisão que você toma para moldar o futuro que deseja viver.”

Lucas Spínola

Luiz Castro

Sou Luiz Castro, educador financeiro, escritor, empresário e investidor. Marido de Danubia Castro, pessoa fantástica que me incentivou a chegar até aqui. Filho de Delourdes Gonçalves de Castro e João Vargas de Castro.

Sou CEO da Target 23 Educação Financeira e idealizador do método Liberdade Financeira em 120 Meses. Temos parceiros e alunos em todo o Brasil e em diversos países do mundo, em todos os continentes.

Alcancei minha liberdade financeira aos 27 anos, após perder tudo e herdar uma dívida de 2,5 milhões aos 21 anos. Por meio da fé, da busca incansável por conhecimento e muito trabalho, em apenas seis anos superei desafios e provei que é possível mudar a própria vida através do poder dos juros compostos e do giro de capital. Confiar nas pessoas e fazer boas parcerias foi fundamental.

educadorfinanceiro.tgt23

+55 (27) 99577-3852

O CÓDIGO DAS

FINANÇAS

20 JUROS COMPOSTOS: O SEGREDO DA RIQUEZA

Por Luiz Castro

A compreensão dos juros compostos é fruto de séculos de evolução matemática e econômica, não tendo surgido de forma abrupta. Desde as práticas financeiras rudimentares de civilizações antigas até os modelos financeiros complexos que conhecemos hoje, a trajetória dos juros compostos reflete um desenvolvimento contínuo que moldou a maneira como gerenciamos o dinheiro.

O debate sobre esse conceito começou a ganhar destaque com pensadores como Leonardo Fibonacci, que, no século XIII, introduziu ideias matemáticas fundamentais que aprimoraram a compreensão e a aplicação dos juros compostos. Em sua obra *Liber Abaci*, Fibonacci (1202 *apud* Sigler, 2002) não apenas apresentou a famosa sequência que leva seu nome, mas também discutiu questões financeiras, incluindo a multiplicação de capital por meio de juros.

O século XX trouxe a formalização de teorias financeiras que permanecem relevantes até hoje. A introdução da teoria da utilidade esperada e a análise de risco, desenvolvidas por economistas como John von Neumann e Oskar Morgenstern, proporcionaram uma nova forma de entender como os investidores tomam decisões financeiras. Essas teorias integraram o conceito de juros compostos, ressaltando a importância do tempo no crescimento do capital e na maximização dos retornos.

Atualmente, a evolução dos juros compostos continua a ser moldada pela tecnologia e pela globalização. A digitalização das finanças, impulsionada por inovações como *fintechs* e criptomoedas, trouxe novas oportunidades e desafios. As plataformas de investimento on-line, por exemplo, permitem que indivíduos comuns acessem produtos financeiros antes restritos a investidores institucionais.

Tendo contextualizado os juros compostos na história, vou trazer, agora, os efeitos positivos e negativos que pude vivenciar e como eles se tornaram uma fonte inesgotável de riquezas para minha vida e a de milhares de pessoas através do meu trabalho.

Sou empreendedor nato. Aos 10 anos já estava nas ruas, vendendo picolés, lavando carros e montando bancas de camelô. Entre os 15 e os 16 anos, fiquei sabendo que vender produtos importados dava muito dinheiro. Logo, juntei capital e parti rumo ao Paraguai. Tornei-me um dos milhares de brasileiros que tentavam ganhar a vida vendendo as chamadas "muambas", principalmente brinquedos e eletrônicos. Montei minha primeira banca de camelô, e depois outra, outra e mais outra – no total, cheguei a ter dezoito bancas espalhadas pela cidade. Especializei-me em trazer relógios e ganhei o mercado; vendia até para lojas físicas no atacado.

Ganhei muito dinheiro usando a técnica de reinvestir os lucros e fazer o capital girar. Por estar ganhando muito dinheiro ainda jovem, achei que não precisava estudar e abandonei os estudos na 7ª série. Paralelo aos meus negócios, minha família tinha um pequeno restaurante criado por minha mãe para garantir a nossa alimentação. Era simples, mas especial pela comida e pelo atendimento da minha saudosa mãe, Dona Delourdes.

O tempo passou, eu já estava com 21 anos, tinha um bom patrimônio e achava que estava tudo bem. Ledo engano. No restaurante da família as coisas não iam bem e eu não sabia, pois delegava aos meus irmãos todo o controle. Vieram os planos econômicos e as dificuldades financeiras; somados à falta de habilidade administrativa, esses problemas levaram o restaurante a adquirir uma dívida milionária. Foi aí que, por volta de 1996, a realidade sobre a situação chegou ao meu conhecimento, e eu, que era o único com algum patrimônio, deveria assumir o controle para não deixar que minha família, e, principalmente minha mãe, perdesse tudo.

Aos 21 anos, herdei uma dívida milionária causada por juros compostos contra nossa posição.

O que fazer agora?

Não tinha patrimônio e nem dinheiro suficiente para pagar nem um terço da dívida. Muitas pessoas em situação menos dramática fariam besteira ou atentariam contra a própria vida. Minha atitude naquele momento foi celebrar um culto em ação de graças, como se tivesse saído das dívidas. E fui à luta.

Estudei e trabalhei muito. Aprendi sobre o mercado financeiro, aperfeiçoei-me em leilões, comprava e vendia de tudo legalmente. Já sabia como multiplicar dinheiro, mas me faltavam algumas oportunidades. Criei um projeto para me livrar das dívidas em 120 meses e, para minha surpresa, em menos de seis anos já a havia quitado e recuperado tudo que tinha perdido.

Entender a força dos juros compostos foi fundamental para conseguir essa alavancagem. Fazer negócios, comprar e vender, e reinvestir a maior parte que dos ganhos é o segredo para a prosperidade. Minhas atitudes chamaram a atenção de parentes e amigos, que me pediam dicas, e alguns até deixavam dinheiro comigo para multiplicar e receber dividendos. Vi aí a grande oportunidade da minha vida: replicar o projeto que criei para mim, o "Liberdade Financeira em 120 meses", para meus clientes, a quem chamo de parceiros. Deu tão certo, que um amigo convidou outro, que convidou outro, e em menos de três anos já estava fazendo negócios em grupo para mais de 200 pessoas.

Tinha achado o mapa da mina de ouro. A falta de conhecimento e habilidade com o dinheiro que as pessoas têm é um prato cheio para quem trabalha com honestidade, transparência e resultados. Fui estudar mais, fiz Gestão Financeira e depois Educação Financeira, tornei-me membro da Associação Brasileira de Profissionais de Educação Financeira (ABEFIN) e criei a Target 23, uma empresa de educação financeira, hoje com mais de 1.200 clientes ativos. Ensino e mostro o caminho da riqueza e dos juros compostos por meio dos cursos e parcerias diretas com os clientes – muitos deles se tornaram especialistas em leilões de imóveis, joias ou *day trade*; outros tantos se tornaram sócios em outras empresas.

Se você tivesse a habilidade de aumentar seu capital em 5% ao mês em 120 meses, teria quanto dinheiro?

Saber que mesmo um pequeno valor, como R$ 300 mensais, pode se transformar em mais de R$ 2 milhões em 120 meses deixa muita gente em estado de choque. Agora, ensinar a fazer na prática e ter resultados reais para comprovar é realmente fantástico. O que aconteceu comigo há 29 anos está abrindo as portas da prosperidade para milhares de pessoas. Nos meus momentos mais difíceis, Deus me deu uma visão que eu não sabia como realizar até ler em algum lugar algo que fez muito sentido para mim: "Se Deus deu a visão, ele dará a provisão". Isso tem acontecido dia após dia desde de então.

Veja a incrível multiplicação de R$ 300 em 120 meses a uma porcentagem de 5% ao mês. Impossível? Em apenas 120 meses, R$ 300 por mês se transforma em R$ 2.192,145,00, se aplicarmos 5% ao mês. Se você olhar do ponto de vista de investimentos tradicionais, ficará decepcionado, pois bancos, corretoras e fundos de investimentos não darão tamanha rentabilidade. Mas quando se trata de empreender, botar o capital para girar, criar ideias, produtos, cursos físicos ou digitais, não há limites para quanto você pode multiplicar seu dinheiro.

Eu sou exemplo de que isso é possível: saí de uma dívida de mais de dois milhões em seis anos e adquiri o dobro do patrimônio que tinha perdido no mesmo período. Hoje, conto com múltiplas fontes de renda, e ajudo muitas pessoas no mesmo processo – pessoas simples que alcançaram a liberdade financeira ao me concederem sua confiança e se colocarem em ação usando as estratégias certas. Pessoas como as dos depoimentos a seguir.

Depoimentos sobre a vida financeira pessoal

"Meu nome é **Maurício Alves da Silva**, e sou cliente da Target 23. Antes, minha vida financeira não era muito boa – eu precisava trabalhar em dois empregos para conseguir me manter. Durante um curso, conheci Gustavo, que hoje é conhecido como Luiz Castro, fundador da Target 23, e ele me apresentou o projeto de Liberdade Financeira em 120 Meses. Luiz me passou muita confiança ao explicar como a Target 23 ajuda as pessoas a alcançarem a tão sonhada liberdade financeira."

"Me chamo **Juarez Viana**, tenho 55 anos e estou na Target 23 há mais de seis anos. Conheci Luiz Castro em um antigo emprego, por meio de um amigo; ele apresentou o projeto dele, que na época era uma consultoria que prometia, em um prazo de cinco anos, que o valor pago seria convertido em uma espécie de salário vitalício. Confesso que no início fiquei com receio, pois já tinha passado por vários tipos de investimentos que infelizmente acabaram me decepcionando. Mas com Luiz foi diferente."

"Sou **Eliene Queiroz** e conheci a empresa que hoje se chama Target 23 há cerca de seis anos, por meio de um amigo. Na época, o nome ainda não era esse, mas Luiz Castro já fazia parcerias e movimentava sonhos com amigos que, como eu, buscavam algo maior. Foi a partir daquele encontro que minha jornada no mercado financeiro começou a tomar forma. Com a mentoria do Luiz, mergulhei no universo da educação financeira e passei a entender conceitos que antes pareciam distantes."

“Bem, vamos lá! Me chamo **Leonardo Vago**, sou um empreendedor capixaba de 43 anos, casado. Conheci a Target 23 em meados deste corrente ano (2025) através do Valdemar e da Eliene, aos quais sou muito grato. No começo, confesso, foi muitíssimo difícil acreditar em tamanhos benefícios contidos na proposta da Target 23, mas derrubamos as muralhas das crenças infundadas e rompemos em fé! Recebi a oportunidade do Sr. Luiz Castro para estudar educação financeira e me tornar um educador parceiro da empresa. Hoje sou, além de educador, cliente, entusiasta fiel ao projeto e um promotor voluntário da Target 23.”

Esses e muitos outros depoimentos completos você pode achar em minha rede social.

O que falta para você alcançar a vida financeira que sonhou, a qualidade de vida que sua família merece e a tranquilidade que todas as pessoas deveriam ter? Encontrar o caminho certo, usar os juros compostos a seu favor, e repetir isso por toda a vida. É simples, mas não é fácil. Eu já fiz e ensinei milhares de pessoas a fazer também.

Para premiar sua chegada até o fim deste capítulo, estou oferecendo um diagnóstico financeiro gratuito em nossa empresa. Eu ou um de nossos educadores iremos atendê-lo. Envie uma mensagem no WhatsApp com a palavra “**diagnóstico**”, e iremos ajudá-lo.

BIBLIOGRAFIA

SIGLER, L. *Fibonacci's Liber Abaci*: A Translation into Modern English of Leonardo Pisano's Book of Calculation. New York: Springer, 2002.

"O poder dos juros compostos é um fenômeno da potencialização dos números; use-o a seu favor ou seja atropelado por ele."

Luiz Castro

Mariana Carvalho

Meu nome é Mariana Carvalho. Sou paulistana, casada com o Renato, mãe da Gabrielle e do Matheus. Além de empresária, mentora e palestrante, sou uma mulher apaixonada por ajudar pessoas a prosperarem através de seus negócios.

Com diversas formações e mais de 22 anos de experiência em gestão financeira, controladoria e expansão empresarial, atuei com empresas de mais de oito países, desde pequenas empresas até *startups* multinacionais. Sou fundadora da Sua Gestora, criadora do método P.R.O.S.P.E.R.E. e da mentoria Prospere Sua Empresa.

Empreender foi a escolha que me permitiu cumprir minha missão de transformar ainda mais negócios e vidas. Acredito que um negócio só é bem-sucedido quando proporciona liberdade, qualidade de vida e prosperidade real – e quero ajudar você a alcançar isso.

eusoumarianacarvalho
Mariana Carvalho Sua Gestora
www.suagestora.com

O CÓDIGO DAS
FINANÇAS

21 A ROTA DO LUCRO: DA IDEIA A NEGÓCIOS LUCRATIVOS

Por Mariana Carvalho

Todo negócio começa com uma ideia. E, junto dela, vem o brilho nos olhos, a vontade de fazer acontecer, o sonho de criar algo com propósito, liberdade e potencial de retorno financeiro exponencial. O que poucos contam é que, entre a ideia e o lucro, há uma rota – que exige direção, estratégia e gestão.

Eu sei o que é transformar uma planilha em uma operação milionária. Já ajudei empresas a nascerem do zero, a se estruturarem e serem adquiridas por grandes grupos nacionais e internacionais. Também sei o que é recomeçar e ajustar a rota para que um negócio pare de apenas sobreviver e comece a prosperar.

E foi por acreditar que o empreendedor não pode viver só de sonhos que decidi empreender. Entendi que minha missão era maior do que apenas gerar relatórios e estar nos bastidores: era estar **ao lado** de mais empresários, guiando-os na direção certa. A direção do lucro real. Da liberdade. Da qualidade de vida.

Se você quer fazer sua empresa prosperar – ou sente que ela já cresceu, mas que poderia crescer com mais lucro, leveza e qualidade –, este capítulo é para você. Aqui, vou contar o que poucos falam e mostrar o que todo negócio precisa para ter resultados duradouros.

Vamos juntos traçar a sua **rota do lucro**.

Sonhar é só o começo

Começar um negócio é um ato de coragem. A decisão de empreender nasce, quase sempre, de uma vontade profunda de mudar de vida – seja pela busca por mais liberdade financeira por mais propósito, ou simplesmente pelo desejo de não viver mais preso a uma rotina que não faz sentido. Todo empreendedor teve essa faísca. Eu também já senti esse chamado.

Mas a verdade é que o sonho, por si só, não sustenta uma empresa. Sonhar é o primeiro passo, sim, mas sem clareza de onde se quer chegar, como chegar, e sem estrutura para isso, o sonho pode virar pesadelo. E é aí que muitos desistem.

Vejo isso de perto todos os dias. Empresários com ideias incríveis, projetos que transformam vidas e negócios, mas perdidos no operacional, sem direção, sem planejamento, **sem lucro**. E isso não acontece por falta de competência, mas por falta de estratégia. Por não entender que, para o negócio dar certo, não basta apenas amar o que se faz – é preciso saber gerir uma empresa de forma eficiente e lucrativa.

Sua empresa não é um *hobby*. É um negócio que precisa dar lucro.

Os pilares da lucratividade: o que sustenta um negócio saudável

Todo negócio lucrativo se sustenta sobre pilares muito claros. E não são complexos – são simples, mas exigem consistência:

1. **Planejamento**: é o início de tudo. Empresas lucrativas têm clareza de onde estão, aonde querem chegar e o que precisam fazer para chegar lá.
2. **Gestão financeira eficiente**: não basta apenas faturar. É essencial entender o caminho que o dinheiro percorre na empresa – quais são os custos e despesas, o real lucro da sua operação e acompanhar de perto o fluxo de caixa. Sem essa base, sua empresa vira um castelo de areia que pode desmoronar a qualquer momento.
3. **Organização e processos**: um negócio desorganizado perde tempo, dinheiro e oportunidades. Muitas vezes, perde inclusive excelentes colaboradores por falta de processos bem definidos, treinamento e estrutura. Invista em estrutura para crescer com qualidade.
4. **Precificação estratégica**: definir preços não é multiplicar o custo por dois ou três ou apenas se basear na concorrência. É considerar os seus reais custos e despesas, alinhá-los com o posicionamento da marca, analisar valor percebido e garantir a margem de lucro desejada.
5. **Análise e tomada de decisão**: dados existem para direcionar ações. Quem não analisa, improvisa. E quem vive improvisando, coloca o negócio em risco. De nada adianta você ter um controle financeiro em dia se não olhar para os números depois.

6. **Realinhamento estratégico constante**: crescer exige adaptação, humildade para perceber o que precisa mudar, coragem para ajustar a rota, e visão para adaptar estratégias sem perder a essência. Revisar estratégias não é sinal de fraqueza – é sinal de maturidade empresarial.

Esses pilares estão presentes no meu método P.R.O.S.P.E.R.E. e são o alicerce de empresas lucrativas. Não importa o porte, segmento ou fase do negócio: se você quer que sua empresa dê lucro de verdade, precisa estruturar esses fundamentos.

Agora que você conhece esses pilares, olhe com honestidade para sua empresa, e veja se há erros silenciosos minando seus resultados.

Erros comuns que podem roubar seu lucro

Ao longo da minha trajetória, pude perceber que alguns erros se repetem e, muitas vezes, de forma silenciosa. São esses pequenos "vazamentos" que impedem um negócio de prosperar. A seguir, vou citar os mais frequentes – identifique se ocorrem na sua empresa e corrija-os:

- **Misturar finanças pessoais com empresariais**: quando o dinheiro do dono se confunde com o da empresa, é impossível saber o real resultado do negócio, além dos riscos tributários e legais. Lembre-se de que sua empresa não é seu caixa eletrônico.
- **Não precificar corretamente**: cobrar com base no mercado ou na intuição, sem conhecer os próprios custos, leva ao prejuízo – e, muitas vezes, à falência.
- **Acreditar que vender mais resolve tudo**: às vezes, o problema não está no faturamento, e sim na falta de estrutura que drena todo o seu lucro. Crescer sem lucratividade é aumentar a complexidade sem garantir sustentação. Analise seus números para identificar o que fazer para ter um crescimento saudável.
- **Falta de planejamento**: agir sem metas é como dirigir sem direção. Pode até sair do lugar, mas nunca saberá se chegou ao destino. Faça ao menos um planejamento anual, defina suas metas, e estruture um plano de ação com prazos e definição de responsáveis para cada tarefa usando a ferramenta 5W2H.
- **Falta de controle de indicadores**: muitas empresas até possuem um controle financeiro básico, mas não acompanham seus indicadores (KPIs). Você pode ter um planejamento e uma precificação bem elaborados, mas se não comparar o projetado com os resultados reais, corre o risco de

demorar para perceber o que está funcionando e o que precisa ser ajustado. A ausência desse acompanhamento trava o poder de reação e atrasa o ajuste de rota.

Planejamento: da estratégia à execução

Muitos empresários focam na entrega do dia a dia e acham que parar para planejar é perda de tempo. Mas planejar é materializar sua ideia, transformar o sonho em metas e definir a rota a ser percorrida para atingi-las. O planejamento estratégico define aonde você quer chegar, e o planejamento financeiro traduz esse destino em números: metas de faturamento, custos, despesas, lucro, número de clientes etc.

Já ajudei empresas a saírem do papel com previsibilidade, sabendo exatamente quanto investir e em quanto tempo poderiam esperar o retorno. Também acompanhei outras que estavam em pleno funcionamento, mas sem direção (e quase afundando). Em ambos os casos, o que fez a diferença foi parar, analisar e planejar com base em dados reais e metas alcançáveis. E quando você lidera com dados, lidera com confiança.

Planejar não precisa ser complexo – precisa ser funcional. O simples bem-feito gera mais resultado do que o complexo que não sai do papel.

A mentalidade do empresário próspero

Ter um negócio lucrativo não é só sobre números. É sobre mentalidade. Empresários que prosperam têm algo em comum: visão de longo prazo, confiança no seu negócio e compromisso com a gestão. Eles sabem que seu papel não é só operar o negócio – é liderá-lo.

Eles aprendem com os erros, não fogem dos números, não decidem às cegas. Cercam-se de especialistas nas funções que não dominam, buscam se desenvolver e, acima de tudo, mantêm o compromisso com a lucratividade e o sucesso do negócio.

Prosperar começa na mente. Quem pensa pequeno, age pequeno e colhe pequeno. Mude o jeito de pensar e você mudará seus resultados.

Liderança estratégica: a virada de chave para o crescimento

Assumir o papel estratégico é o que separa quem apenas tem um negócio de quem constrói uma empresa de verdade. E o primeiro passo é entender que não dá para fazer tudo sozinho.

Muitos me perguntam a hora certa de contratar, delegar ou terceirizar. E a verdade é que, se o seu tempo está todo no operacional, já passou da hora. Delegar libera espaço para pensar no crescimento. Investir nas pessoas certas e manter a equipe motivada não é um custo – é um investimento com alto retorno. Gente engajada entrega mais, inova e resolve.

E quando falamos de áreas como o financeiro, terceirizar pode ser estratégico. Com um *business process outsourcing* (BPO) financeiro confiável – como o que oferecemos na Sua Gestora – você ganha tempo, reduz custos, acessa dados de qualidade e pode focar no que realmente importa: liderar rumo à lucratividade e ao crescimento sustentável.

Você está vivendo o que sonhou ao empreender?

Acredito que, quando decidiu empreender, não foi para trabalhar mais do que quando era CLT – e ganhando menos. Você empreendeu para ter liberdade: financeira, de tempo, de escolha. Para realizar sonhos – não apenas acumular boletos.

Um negócio lucrativo não é só aquele que dá dinheiro. É o que permite que você viva bem, com leveza, saúde, tempo para família e autonomia para tomar decisões alinhadas aos seus valores.

Prosperar é mais do que crescer o faturamento. É crescer como pessoa, líder e agente de transformação. E é por isso que acredito tanto na rota do lucro. Ela leva você a um destino que vale a pena: um negócio que dá certo – sem que você precise se anular no processo.

Agora é com você: trace sua rota e prospere

O seu negócio pode, sim, ser mais lucrativo. Mais leve. Pode dar certo de verdade. Mas isso exige uma escolha: sair do piloto automático e assumir a direção.

Você não criou sua empresa para viver apagando incêndios. Criou-a porque tem um sonho, uma visão, um potencial. E estou aqui para lembrá-lo disso. Porque todo negócio bem-sucedido começa com uma ideia, mas só se realiza com gestão.

Seja o(a) empresário(a) que seu negócio merece. Acompanhe-me nas redes sociais, onde compartilho conteúdos práticos para ajudar empresários a prosperarem de verdade.

A rota do lucro existe. E eu estou aqui para guiá-lo.

"Sonhar em abrir
um negócio é só o
começo. Construir um
com propósito, lucro
e liberdade é o que irá
transformar vidas,
inclusive a sua."

Mariana Carvalho

Melissa Cardoso

Sou Melissa Cardoso, bacharela em Administração de Empresas, com MBA em Gestão de Finanças, Controladoria e Auditoria. Sempre fui movida por uma inquietação constante e pelo desejo de encontrar propósito em tudo o que faço.

Essa busca me levou a uma transição de carreira, e foi na consultoria financeira que me encontrei. Amo interpretar números e traduzir, de forma simples e leve, a complexidade do mundo financeiro. Hoje, ajudo profissionais autônomos a organizarem suas finanças, tanto pessoais quanto de seus negócios, trazendo clareza e estratégias para uma vida mais próspera.

Casada e mãe, equilibro minha jornada com entusiasmo, certa de que a educação financeira tem o poder de transformar vidas.

melisssacardoso

+55 (61) 8417-8008

Melissa Cardoso

O CÓDIGO DAS

FINANÇAS

22 ORÇAMENTO INTELIGENTE PARA DOMINAR SUAS FINANÇAS

Por Melissa Cardoso

O controle está em suas mãos

Imagine que o seu dinheiro é um exército. Se você não souber liderá-lo, ele se dispersa e desaparece. Mas se tiver uma estratégia clara, cada soldado (real) será posicionado da melhor forma para cumprir sua missão: construir riqueza e segurança financeira para você. O orçamento inteligente é essa estratégia.

A maioria das pessoas pensa que um orçamento é um conjunto de regras restritivas, um bloqueio para deixar de aproveitar a vida. Mas a verdade é exatamente o oposto: **um orçamento bem estruturado não limita, ele liberta**. Ele permite que você gaste com segurança, invista com consciência e, acima de tudo, viva sem peso na consciência por não saber se o dinheiro vai dar até o fim do mês.

Quero compartilhar uma história pessoal. Em 2017, perdi uma oportunidade de emprego incrível porque meu inglês não estava afiado. Foi um baque – o salário era daqueles que fazem qualquer orçamento sorrir. Precisei de alguns meses para me recuperar do tombo (emocional e financeiro). Vale dizer que, naquela época, eu já tinha uma organização financeira básica: não devia nada, mas também não sobrava nem para um café reforçado.

O orçamento como seu mapa para a riqueza

Sem um mapa, qualquer caminho parece certo. Sem um orçamento, qualquer gasto parece necessário. Mas, no fim do dia, sem direção, você pode acabar andando em círculos e nunca sair do mesmo lugar.

Criar um orçamento inteligente significa definir um destino e traçar a melhor rota para chegar até ele. Seu destino pode ser a liberdade financeira, a compra de um imóvel, uma viagem dos sonhos ou simplesmente viver sem dívidas. O importante é que seu dinheiro trabalhe a seu favor e não contra você.

Após esse episódio, comecei a repensar minhas atitudes de um modo geral. Voltei a estudar inglês, determinada a desbloquear essa trava que carregava, e prometi a mim mesma que, da próxima vez que me perguntassem se eu falava inglês, responderia sem hesitar: "*Yes, of course*!".

Mas eu queria ir além. Percebi que, assim como meu inglês precisava de um *upgrade*, minhas finanças também mereciam mais atenção. Passei a estudar investimentos e estratégias para poupar. Como resultado, minha carreira começou a decolar – afinal, estar em constante movimento abre portas. Mas havia uma diferença crucial: a cada aumento que recebia, em vez de elevar meu padrão de vida, optei por investir.

E aqui está a verdade: **um orçamento não é sobre cortar tudo o que dá prazer**, e sim sobre encontrar equilíbrio entre viver o presente e construir o futuro.

As três regras de ouro do orçamento inteligente

Dominar suas finanças exige estrutura e estratégia. Aqui estão três regras essenciais para transformar seu orçamento em uma ferramenta poderosa.

Regra nº 1: Priorizar com consciência

Sempre fui imediatista, do tipo que gosta de ver resultados rapidamente. Por isso, a cada reserva que fazia, estipulava um novo plano. E foi assim que, ao concluir o curso de inglês, tive um desejo audacioso: fazer um curso com certificação internacional. Não era apenas sobre o diploma; eu queria provar para mim mesma que aquela frustração do passado tinha se transformado em combustível.

Regra nº 2: Criar um sistema de fluxo financeiro

Comecei a pesquisar os cursos e, mais uma vez, levei um banho de água fria. Os valores eram surreais para meu orçamento na época. Mas em vez de desistir, ajustei o tamanho do sonho. Como a inteligência artificial e os algoritmos parecem ler até nossos pensamentos, passei a ser bombardeada com anúncios de intercâmbios acessíveis. Vi ali uma chance real. Pesquisei minuciosamente passagens, hospedagem, transporte, alimentação, e percebi que, com um planejamento bem feito, eu conseguiria bancar a experiência.

Regra nº 3: Incluir os sonhos no orçamento

Após uma longa e criteriosa pesquisa, fechei o curso, tirei o visto, contratei o seguro-viagem e acertei tudo com a agência escolhida. Seriam apenas duas semanas, mas já valeria a pena. Minha vida, daquele momento em diante, girou em torno de transformar essa ida em realidade. Economizei cada centavo, parcelei o curso, depois as passagens, e segui montando minha reserva para os demais custos. Todo esse planejamento levou um ano – um desafio gigante para mim, pois jamais imaginei que conseguiria movimentar aquela quantia em tão pouco tempo.

O poder dos pequenos passos

Você não precisa mudar tudo de uma vez. Pequenas mudanças, aplicadas de forma consistente, têm um impacto gigantesco ao longo do tempo.

Chegou o tão sonhado dia. Fui para Fort Lauderdale, na Flórida, e passei duas semanas estudando inglês em uma escola renomada da região. Foram dias incríveis, tanto de aprendizado quanto de aventura. Agora, imagine estar a menos de 300 km da fábrica dos sonhos? Pois é! Como uma legítima representante da geração que cresceu assistindo aos filmes da Disney, pensei: “Seria ousadia demais ir ao parque?”. Fiz umas contas, conferi minha reserva para emergências e percebi que havia, sim, uma gordurinha no orçamento para tornar a viagem ainda mais especial.

Não se trata de cortar o café ou o lazer, mas de garantir que você possa ter essas experiências sem comprometer sua estabilidade financeira. O segredo está no equilíbrio. Se você quer ver resultados reais, comece com pequenos ajustes e celebre cada progresso. Riqueza se constrói com constância, não com sacrifícios radicais que você não consegue manter.

Estratégia prática: o método do orçamento 70/20/10

Uma maneira simples e eficaz de organizar seu dinheiro é dividir sua renda em três partes:

- **70% – despesas essenciais:** para contas, alimentação, transporte e outros custos fixos;
- **20% – investimentos e reserva financeira:** para construir o futuro e garantindo sua segurança;
- **10% – lazer e doações:** para aproveitar a vida e retribuir.

Ajuste os percentuais conforme sua realidade, mas mantenha a estrutura para garantir que seu dinheiro esteja sempre equilibrado entre necessidade, crescimento e prazer. Conforme evoluir nesse processo, adeque os percentuais ao ideal, ou seja, se hoje suas despesas essenciais comportam mais de 70% do seu orçamento, reavalie seus gastos; por exemplo, nesse período de planejamento, como meu maior objetivo financeiro era a viagem, meus investimentos giravam em torno desse propósito.

Portanto, se dentro da sua despesa com alimentação esteja, por exemplo, a saída com as amigas, esse custo pode ser considerado dentro dos 10% de lazer e não os 70% dos essenciais. É possível considerar esse custo como investimento, desde que esse objetivo tenha sido a realização de um sonho, ou um momento de construção da memória afetiva sua ou de sua família.

Organizar-se financeiramente parece um desafio, então, experimente um método que funcione para você. Se você prefere o tradicional, saque sua renda, a divida em envelopes e utilize apenas o valor disponível para cada categoria. Mas se a tecnologia for sua aliada, aproveite-a a seu favor: defina um cartão específico para determinados gastos e estabeleça limites claros para cada tipo de despesa. Por exemplo, se seu custo médio com combustível é de mil reais, monitore seus gastos para não ultrapassar esse valor – e vá além, buscando economizar. Afinal, a economia de hoje pode se tornar sua "ostentação" no mês seguinte.

O primeiro passo para sua liberdade financeira

Aproveitei cada momento daquela experiência. Conheci pessoas incríveis, aprendi muito e vivi uma experiência transformadora. Retornei com o coração cheio de gratidão e ainda mais convicta de que sou capaz de realizar o que quiser – desde que tenha um plano, tome decisões estratégicas e siga na direção dos meus objetivos.

Desde então, estabeleci metas cada vez mais alinhadas aos meus valores humanos, tanto pessoais quanto profissionais. E sigo firme, sabendo que o planejamento certo nos leva a lugares que, um dia, pareciam distantes.

Orçamento inteligente não é sobre renúncia, é sobre poder de escolha. Consuma de forma consciente: eu preciso ou eu desejo? Precisa ser feito agora ou posso esperar? Tenho margem no meu orçamento desse mês ou espero a fatura do cartão virar? Consigo honrar e cumprir esse compromisso renunciando a outros prazeres para realizar esse desejo atual?

Cada decisão financeira que você toma hoje está construindo o futuro que você deseja viver; portanto, seja leal e sincero com seus valores, tenha claro e de fácil acesso seus objetivos, pois estamos aqui para viver o hoje e desfrutar do que há de melhor na vida. Se a saída com os amigos é importante para você, então a inclua no seu orçamento; se trocar de carro é mais importante, priorize isso no momento em que estiver planejando seu orçamento; agora, se viajar é a prioridade, destine uma parcela para essa realização. Pequenos ajustes agora criam grandes resultados depois.

Comece hoje. Olhe para suas finanças, identifique para onde seu dinheiro está indo e dê o primeiro passo para assumir o controle. Identifique possíveis sabotadores que estejam conduzindo você ao consumo inconsciente daquilo que não está na sua lista de prioridades. Antes de tomar uma decisão, respire e, como diz o ditado, "*sleep on it*" – que literalmente pode ser traduzido como "dormir nisso", mas que significa pensar seriamente sobre um assunto antes de tomar uma decisão. Além disso, está implícito na expressão ir para casa e virar a noite, ou seja, pensar sobre algo de um dia para o outro, com tempo.

Sua riqueza está em suas mãos. E ela começa agora. Cada escolha financeira que você faz hoje constrói o futuro que deseja viver. E você não precisa fazer isso sozinho. Quero conhecer a sua história, entender seus desafios e ajudá-lo a transformar sua relação com o dinheiro. Juntos, podemos criar um plano financeiro que respeite sua realidade, suas prioridades e seus sonhos. Conte-me: quais são suas maiores dificuldades e o que você deseja conquistar? Envie-me uma mensagem para que possamos dar o primeiro passo rumo à sua liberdade financeira. Estou aqui para guiá-lo nesse caminho com leveza, clareza e estratégia.

"Interpretar números é uma arte, pois cada um conta uma história. Decifrá-los é a chave para entender a sua. O que os seus revelam?"

Melissa Cardoso

Paulo Fernandes

Sou Paulo Fernandes, advogado e empresário, casado com Aline Lopes, nascido e criado na Vila Kennedy, comunidade no Rio de Janeiro. Minha trajetória começou pelo abandono de minha mãe aos meus dois meses, e pelo reencontro inesperado aos 16 anos, em um ônibus, quando me dirigia a uma entrevista de emprego para o cargo de jovem aprendiz.

Desde os 10 anos, trabalhei na feira, fazendo carreto (levando as compras das pessoas em casa), enchendo pneus em posto de gasolina, vendendo pastel com caldo de cana, atendendo em banca de verduras. Fui recepcionista em hospital e atuei na área comercial por alguns anos, até perceber que vivia os sonhos dos outros.

Essas experiências me impulsionaram a abrir minha primeira empresa e, hoje, sou dono de cinco negócios, sempre guiado pela fé e pelo ímpeto de vencer.

dr_paulo_fernandes
expertisasaude
+55 (21) 98100-8247
pfrspaulo@adv.oabrj.org.br

O CÓDIGO DAS
FINANÇAS

23 MENTALIDADE DE CRESCIMENTO PARA A PROSPERIDADE

Por Paulo Fernandes

Vivemos em um mundo repleto de incertezas, onde os desafios do dia a dia se transformam em convites para o crescimento e a renovação pessoal. Inspirado pelas ideias revolucionárias de Carol Dweck (2006), em *Mindset: a nova psicologia do sucesso*, aprendi que nossas crenças, quando cultivadas de forma consciente, têm o poder de redefinir nosso destino. Assim, cada obstáculo se converte não em um limite, mas em uma oportunidade de evoluir e aprimorar nossas habilidades.

De maneira complementar, as reflexões de Napoleon Hill (1937) em *Pense e enriqueça* ressaltam que a fé, a persistência e a atitude positiva são elementos indispensáveis para transformar sonhos em realidade. Esses ensinamentos me mostraram que o verdadeiro sucesso nasce da capacidade de aprender com os erros, adaptar-se às mudanças e manter a coragem diante das adversidades.

Neste capítulo, convido você a embarcar comigo em uma jornada de autoconhecimento e transformação, em que exploraremos como ressignificar falhas, desenvolver a criatividade e fortalecer a resiliência. Descobriremos que, ao adotar uma mentalidade de crescimento, somos capazes de transcender nossas limitações e construir uma trajetória repleta de realizações e prosperidade, mesmo quando o ponto de partida parece repleto de desafios.

A mentalidade de crescimento: fundamentos e filosofias

A essência da mentalidade de crescimento está na convicção de que podemos evoluir e aprender com cada experiência. Ao contrário da mentalidade fixa, que limita nossas capacidades e as enxerga como traços imutáveis, essa perspectiva nos convida a ver cada desafio como uma oportunidade para adquirir novos conhecimentos e desenvolver competências. De acordo com Carol Dweck (2006), a forma como interpretamos e valorizamos nossas capacidades é decisiva para determinar se seguiremos um caminho de sucesso ou se permaneceremos presos à estagnação.

Vai muito além de simplesmente manter uma atitude positiva diante das dificuldades; trata-se de entender que somos vulneráveis e reconhecer que os erros e tropeços são parte integrante do processo de crescimento. Cada falha, cada queda, transforma-se em uma lição que nos impulsiona a ajustar estratégias e aprimorar nosso desempenho, fortalecendo nossa resiliência e capacidade de superação. Essa abordagem permite que vejamos as adversidades como degraus para a construção de um futuro promissor, em que cada obstáculo vencido acrescenta uma camada de experiência e sabedoria.

Para mim, a mentalidade de crescimento deixou de ser um conceito teórico e se tornou prática diária, essencial para transformar desafios extremos em oportunidades de evolução pessoal e profissional. Aprendi a encarar os momentos difíceis com uma perspectiva de aprendizado, percebendo que, mesmo dos instantes de fragilidade, extraímos lições que pavimentam o caminho para realizações significativas. Essa visão não apenas fortaleceu minha jornada, mas também me permitiu inspirar aqueles ao meu redor a buscarem constantemente o aprimoramento e a superação de seus próprios limites.

Em última análise, cultivar uma mentalidade de crescimento significa reconhecer que o sucesso não é um destino fixo, mas uma trajetória construída com esforço, perseverança e a disposição de aprender com cada experiência.

Minhas origens e lições na favela

Minha história teve início em meio a grandes adversidades. Crescendo na Vila Kennedy, aprendi desde cedo que a vida exige trabalho árduo e determinação. A realidade vivida nas ruas, com desafios constantes e oportunidades escassas, foi o primeiro campo de treinamento onde aprendi o verdadeiro significado da resiliência.

Aos 10 anos, eu já contribuía para o sustento da família, trabalhando na feira, realizando serviços como carreto, vendendo pastel com caldo de cana, pano de prato e atuando em banca de verduras. Cada atividade, por mais simples que parecesse, foi uma lição sobre responsabilidade, coragem e o valor de transformar dificuldades em aprendizados.

Transformando desafios em oportunidades

Enfrentei inúmeros desafios ao longo da vida. Trabalhar em diferentes funções, desde encher pneus em posto de combustível até entregar quentinhas para os feirantes, ensinou-me que, mesmo nas situações mais adversas, há sempre uma forma de seguir em frente. Cada emprego, por mais modesto que fosse, contribuiu para moldar minha visão de mundo e me preparou para desafios maiores. Foi essa mentalidade de ver o potencial em cada obstáculo que me motivou a buscar mais e, eventualmente, a empreender.

Minha passagem como jovem aprendiz na empresa Megadata, onde aprendi os meandros de vários setores, e a experiência da colportagem, vendendo livros na rua, reforçaram minha convicção de que a persistência e a vontade de aprender são os verdadeiros motores da prosperidade – mesmo quando enfrentei momentos difíceis, como a experiência em recepção de hospital. Cada situação serviu como um trampolim para meu crescimento profissional e pessoal.

Da superação à iniciativa empreendedora

A decisão de abrir minha primeira empresa foi fruto de um profundo entendimento de que o crescimento verdadeiro exige coragem para sair da zona de conforto e assumir riscos de maneira consciente e planejada. Essa escolha não ocorreu de forma impulsiva, e sim como resultado de anos de experiência, aprendizado e superação. Ao longo da minha trajetória no mercado de trabalho, cada desafio enfrentado e cada obstáculo ultrapassado serviram como ferramentas valiosas para identificar oportunidades onde muitos enxergavam apenas barreiras.

Hoje, sendo proprietário de cinco empresas atuantes em ramos diversos, posso afirmar com convicção que a mentalidade de crescimento foi o alicerce que transformou as adversidades em marcos de sucesso. Essa jornada me ensinou que a verdadeira prosperidade não se mede unicamente pelo acúmulo de bens materiais, mas pela capacidade de aprender com os erros, celebrar as pequenas vitórias e, sobretudo, transformar cada desafio em uma oportunidade de evolução contínua.

Essa filosofia de vida me impulsionou a buscar constantemente o aprimoramento pessoal e profissional, reafirmando que a perseverança e a capacidade de se reinventar são essenciais para alcançar resultados significativos e duradouros.

Superação, fé e valores que moldam o futuro

A fé sempre foi um pilar essencial na minha jornada. Mesmo nos momentos mais difíceis, a crença em um propósito maior me ajudou a manter a perseverança e a confiança de que dias melhores viriam. Essa convicção se refletiu em cada decisão, mostrando que o sucesso é construído por aqueles que, mesmo diante dos maiores desafios, se recusam a desistir.

Cada passo dado, desde os dias humildes na feira até a conquista de empreender e liderar negócios, reforçou a ideia de que nosso destino está diretamente ligado à nossa capacidade de aprendizado, adaptação e transformação das adversidades em lições valiosas. A mentalidade de crescimento se tornou, assim, a base para construir um futuro de prosperidade, em que o sucesso é fruto da coragem de sempre buscar mais e da determinação em transformar cada experiência em aprendizado.

Aplicando os ensinamentos no dia a dia

Aplicar os ensinamentos na prática requer mais do que simples intenção, exige disciplina, autoconhecimento e coragem para enfrentar os desafios diários. Na minha trajetória, desenvolvi uma rotina que se fundamenta em atividades diárias essenciais, como a leitura, a reflexão profunda e a autoavaliação constante.

Essas práticas, que me permitem reconhecer os erros cometidos e identificar áreas para aprimoramento, são fundamentais para ajustar o rumo nos momentos de dificuldade e também para celebrar cada pequena vitória, reforçando a ideia de que o crescimento pessoal e profissional é um processo contínuo e dinâmico.

Além disso, acredito que estar cercado por pessoas que compartilham os mesmos ideais e que estimulam o desenvolvimento é indispensável para evoluir. O convívio com mentores, amigos e colaboradores que valorizam o aprendizado cria um ambiente de trocas enriquecedoras, onde cada experiência compartilhada se transforma em fonte de sabedoria.

Essa rede de apoio não só amplia o horizonte de possibilidades, mas também fortalece a determinação necessária para superar obstáculos e transformar desafios em oportunidades. Dessa forma, integrar teoria e prática torna-se um processo de evolução para um futuro mais promissor e repleto de realizações.

Reflexões finais e o olhar para o futuro

Na minha trajetória, vejo claramente como cada obstáculo enfrentado se transformou em um degrau rumo ao sucesso. Desde a infância, nas ruas da Vila Kennedy, até a consolidação dos meus empreendimentos, a mentalidade de crescimento foi o diferencial que me permitiu não apenas sobreviver, mas prosperar.

Este capítulo é um convite à reflexão para todos aqueles que, mesmo diante de desafios intensos, acreditam que o futuro pode ser reescrito por meio do aprendizado, da persistência e da fé. A verdadeira prosperidade é transformar a dor em conhecimento, o fracasso em motivação e a incerteza em oportunidades de evolução.

Que estas páginas sirvam como um lembrete de que, independentemente das origens e dos obstáculos, cada um de nós tem o poder de construir um caminho de sucesso e realização. O segredo está em nunca deixar de aprender, em valorizar cada experiência e, acima de tudo, em manter a convicção de que o crescimento pessoal é a chave para transformar adversidades em conquistas.

Este capítulo foi escrito com toda a sinceridade e a autenticidade que minha história me ensinou, mesclando vivências passadas e recentes para mostrar que o poder da mentalidade de crescimento transforma vidas. Que esta leitura inspire cada leitor a ver nos desafios uma oportunidade de aprender, evoluir e construir um futuro repleto de prosperidade.

BIBLIOGRAFIA

DWECK, C. S. *Mindset*: a nova psicologia do sucesso. Rio de Janeiro: Objetiva, 2006.

HILL, N. *Pense e enriqueça*. São Paulo: Fundamento, 1937.

"A resiliência transforma adversidades em degraus para um futuro repleto de conquistas, e assim o sucesso será uma consequência. Voe!"

Paulo Fernandes

Créditos: @leticiaprestes.ph.

Priscila Duarte Macena

Sou Priscila Duarte Macena, natural de Campinas/SP, cristã, casada com Renato Moreira Macena há treze anos, e juntos construímos a nossa abençoada família, tendo como herança do Senhor nossos filhos, Murilo Duarte Macena e Alice Duarte Macena.

Sou bacharel em Ciências Contábeis, mentora, palestrante, gestora financeira, escritora e fundadora da Pison Finance, empresa que nasceu com o propósito de ajudar pessoas e empresários a obterem resultados positivos através do conhecimento e da gestão financeira.

Ao longo da jornada de vinte anos no setor contábil, mais do que entender relatórios contábeis, compreendi que a vida é sobre pessoas, ressignificando minha profissão a fim de que a minha missão seja orientar e contribuir para o caminho da clareza, do autoconhecimento e da prosperidade.

priscila_financas

+55 (19) 98877-1418

Priscila Duarte Macena

prisciladuarte@pisonfinance.com.br

O CÓDIGO DAS

FINANÇAS

24 CPF X CNPJ: O CONHECIMENTO QUE LIBERTA

Por Priscila Duarte Macena

Se não for o desejo de toda essa geração atual, sabemos que este é o desejo de uma boa parte dela: o "ato de empreender" e ser reconhecido como autoridade na sua área. Podemos celebrar o despertar para esse cenário – afinal, existem muitos benefícios, como o crescimento da economia, a geração de empregos e renda, o surgimento de ideias e profissões, e a criação de projetos e negócios.

Mas para todo peso há uma medida, e qual seria a contramão desse caminho promissor? A falência em massa. E quando uma empresa quebra, com ela se vão sonhos, pessoas, famílias, relações e empregos, podendo a frustração em alguns casos ser fatal.

Quem é da geração dos anos 1980 e 1990 – assim como eu – provavelmente cresceu sem acesso à educação financeira. Isso tem uma explicação: fomos criados por pais e avós que, em muitos casos, não tiveram acesso à educação formal. Empreender também não fazia parte do nosso aprendizado, mesmo que muitos deles tenham vivido do chamado "trabalho por conta" — o famoso formato autônomo, quase sempre voltado à sobrevivência, especialmente quando se tratava daqueles que não sabiam ler nem escrever.

Com base nessa realidade, as referências de empresários que trazemos como *cases* de sucesso têm em suas histórias e currículos falências, dívidas, doenças emocionais e tentativas incessantes para vencer. Mas a história do empreendedorismo precisa mesmo seguir esse contexto? O que podemos aprender com a geração que "bateu cabeça" e pagou preços altíssimos? E o que podemos aprender com as novas gerações, que têm acesso à informações, com o protagonismo e o empreendedorismo no DNA?

Podemos nos sentir privilegiados por hoje termos como base dois pontos de partida: aprender com quem fez história e que divide suas experiências para que as gerações futuras não cometam os mesmos erros; e ter a vantagem do empreendedorismo ser um assunto acessível, natural e impulsionador, trazendo consigo no caminho das pedras um atalho que torna mais fácil os acertos para o alcance do sucesso.

Mais do que esse mapa do empreendedorismo, com direções e coordenadas, é preciso ter o que chamo de ponto x da questão: a gestão financeira. Ela traz consigo a chave mais subestimada, porém um dos pilares de uma empresa, que é a separação da pessoa física da pessoa jurídica. E para que essa informação faça sentido, mais do que aptidão para empreender, é preciso conhecimento.

Além de ser um fato, essa prática é um conceito com base em uma ciência – a ciência contábil –, que consiste em separar o patrimônio da empresa do patrimônio do proprietário/sócio, e também ressalta como definição a transparência das informações financeiras por meio de uma gestão adequada. Esse ponto fundamental de partida se faz utilizando o princípio da entidade, de acordo com a Resolução CFC 750/93 do Conselho Federal de Contabilidade.

Quando temos acesso ao embasamento de informações e ao conhecimento, criamos a consciência de que empreender vai além de sonho, resiliência ou tendência de mercado; criar uma empresa nos traz a conscientização de que é preciso qualificações e responsabilidades. Compreenderemos na prática os impactos que a má gestão financeira e a não separação das pessoas jurídica e física causam em um negócio.

Iniciarei pela minha trajetória profissional, para que você compreenda como passei a enxergar histórias através dos números. Sempre trabalhei em escritórios contábeis, e o meu primeiro contato com esse mundo foi aos 17 anos. Iniciei na recepção, fazia os atendimentos ao cliente, recepcionava os malotes (espécie de envelopes ou maletas com documentos) e os distribuía para os departamentos, ajudava nos arquivos de documentos, e assistia o departamento societário, ajudando na digitação de contratos sociais e no cumprimento dos processos perante os órgãos competentes. Ali, tive a oportunidade de conhecer toda a rotina de um escritório contábil e como funcionavam todos os processos e estruturas de um negócio.

Tempos depois, tive a oportunidade de trabalhar no setor contábil. No primeiro contato verdadeiro com os números, fiquei entusiasmada, porém assustada, pois a princípio me senti intimidada com a quantidade de informações necessárias que uma empresa gerava, pensando em como iria dar conta de organizar tudo aquilo para, no final, gerar relatórios com informações dos resultados. A inexperiência e a falta de conhecimento técnico não me traziam naquele momento clareza nem segurança de como gerar todas as informações – mas nada que o tempo e a prática não ajustassem aqueles ponteiros.

Decidi ingressar na faculdade e buscar o conhecimento teórico, pois já tinha a oportunidade da prática para aprimorar no dia a dia. Ao longo da jornada, fui tendo a oportunidade de conhecer todo porte, natureza jurídica e atividades empresariais.

Cada vez que tinha contato com empresas, apaixonava-me pelo mundo corporativo, pelo empreendedorismo, pela administração, pela geração de informações e pela capacidade que a contabilidade tinha de trazer clareza, direcionamento, conhecimento e exatidão das informações. Mas também, conforme eu conhecia os empresários, participando das reuniões e apresentações das demonstrações contábeis (relatórios que trazem os resultados de uma empresa), deparava-me com a realidade de quem geria o negócio, os "porquês" daqueles resultados, compreendendo o motivo pelo qual algumas empresas apresentavam lucros e outras, prejuízos. A cada reunião, compreendia também que além de números, deveria começar a pensar em entender sobre pessoas.

Mas, antes, vale fazer uma introdução contábil de como chegamos nos resultados de uma empresa – afinal, é através desse contexto que os números contam as histórias de cada uma delas.

A geração de relatórios contábeis tem como base informações financeiras, ou seja, tudo aquilo que a empresa recebe (entradas) e tudo aquilo que a empresa paga (saídas), e essas informações devem ser enviadas para a contabilidade por meio de extratos bancários e documentos comprobatórios.

Algumas empresas não tinham tais informações, ou não eram informações exatas e lícitas, e isso comprometia os resultados. Além disso, em um cenário praticamente unânime, a vida financeira pessoal do empresário também estava ali, totalmente misturada com as informações financeiras da empresa, não havendo assim a devida separação das pessoas física e jurídica, sem respeito ao princípio base da contabilidade – o da entidade.

Essa questão era tão alarmante que em alguns casos era necessário enviar uma carta de responsabilidade ao proprietário da empresa, pois não poderíamos nos responsabilizar pela falta de exatidão, pelo descumprimento de um princípio, e pela falta de transparência daquele fechamento. Toda orientação era feita; porém, os erros persistiam, e a empresa tinha seu lucro "sangrado" pelos sócios.

Essa simbiose entre os sócios e a empresa passou a me incomodar, e percebia, a cada reunião, que o que determinava um cenário e um resultado era com quem eu falava, quem estava à frente do negócio, e não o porte ou o tipo de atividade daquela empresa. Não era a demanda, o fluxo e a complexidade de determinada empresa que impactavam os resultados, era simplesmente quem a fundou, quem estava administrando aquele negócio. Foi aí que as primeiras peças foram se encaixando na minha cabeça, e algo foi despertado em mim.

Quando nasce um Cadastro Nacional de Pessoa Jurídica (CNPJ), temos como pilares sonhos, sucessões, oportunidades ou até mesmo a busca pela mudança de realidade. Com base nisso, esses "porquês" como ponto de partida na criação de uma empresa fazem com que alguns empresários foquem apenas o segmento, a atividade, a captação de clientes, as manobras de escalabilidade e toda tentativa possível e imaginável para o negócio dar certo. Na mesma proporção, apropriam-se daquela empresa como se fosse a sua vida, a extensão de seu Cadastro de Pessoa Física (CPF), passando a misturar não só suas finanças, mas também suas crenças limitantes, seu temperamento e suas experiências de vida, a ponto de a empresa passar a ser o seu reflexo. Esquecem-se de investir e se capacitar em gestão empresarial e financeira, e principalmente de entender a distinção entre proprietário e empresa.

Aonde quero chegar com essa narrativa? Com base no meu conhecimento e na minha vivência ao ver empresas nascerem e consequentemente morrerem pela má gestão, compreendi algumas coisas, as quais quero compartilhar com você.

Primeiro, comece a se capacitar em conhecer você; o autoconhecimento é libertador e transforma vidas. Entenda seu temperamento, ressignifique as crenças limitantes, perdoe e faça as pazes com a sua história. Entenda que para gerir uma empresa, primeiramente é preciso gerir suas emoções, sentimentos, pensamentos, pontos de vista e comportamentos. Se a sua experiência com o dinheiro e a visão que tem sobre ele não forem resolvidas, isso trava o crescimento e a consolidação da sua empresa. É preciso entender, também, que ela não é uma extensão de você, que vocês são entidades distintas e precisam ter a devida separação.

Também é preciso entender que não há saúde financeira sem gestão, que consiste em controlar, planejar e administrar. Não há resultados positivos sem a separação das pessoas, em que cada qual precisa movimentar o seu financeiro em contas respectivas. Não há crescimento e escala nos negócios sem compreender a importância de cuidar do CPF e do CNPJ de forma distinta, porém sincronizada.

Em contrapartida, faça um plano de negócios – ele é um documento que guia e orienta o empresário com base em informações precisas, mostrando quais são os passos seguros que devem ser dados para alcançar os objetivos da empresa, diminuindo riscos e incertezas. Faça isso pelo menos uma vez ao ano, pois sabemos a velocidade que o mercado se atualiza e cresce.

Invista na estrutura de um departamento de finanças, capacitando funcionários ou contratando uma empresa de *business process outsourcing* (BPO) financeiro, tendo como ferramenta um ERP – sistema financeiro que trará relatórios com indicadores que irão traduzir a saúde financeira da empresa e serão a bússola para a tomada de decisões.

Entenda sobre o seu negócio, mas também entenda sobre você. A falta de conhecimento, pode gerar preços altos e desfechos inesperados.

BIBLIOGRAFIA

CONSELHO FEDERAL DE CONTABILIDADE. Resolução CFC nº 750/93, de 31 de dezembro de 1993. Dispões sobre os Princípios Fundamentais de Contabilidade. *Diário Oficial da União*: Brasília, DF, 31 dez. 1993.

“O imposto mais alto é a falta de conhecimento.”

Priscila Duarte Macena

Roberto Campos

Sou Roberto Campos, mentor, professor, contador com mais de quarenta anos de experiência em escritórios de contabilidade, analista de investimentos e consultor empresarial e de soluções financeiras. Formado em Ciências Contábeis e com passagem pela faculdade de Direito na Universidade do Estado do Rio de Janeiro (UERJ), também possuo certificações que me permitem oferecer soluções integradas, como a Certificação Nacional do Profissional de Investimento – Técnico (CNPI-T) para análise de investimentos, corretor de seguros, corretor de imóveis e despachante.

A minha missão é descomplicar. Gosto de ensinar e orientar, mostrando que a contabilidade, a gestão de tributos e o planejamento financeiro podem ser simples quando bem estruturados.

roberto.campos.contador

+55 (21) 98436-0828

robertocamposcontador

www.robertocamposcontador.com.br

O CÓDIGO DAS

FINANÇAS

25 COMO CRIAR UM LEGADO FINANCEIRO DURADOURO

Por Roberto Campos

Criar um legado financeiro duradouro é muito mais do que acumular bens materiais ou dinheiro – afinal, se os patriarcas forem realmente inteligentes, irão formar sucessores, não herdeiros.

Não basta estruturar o patrimônio de modo que ele seja protegido, gerenciado com eficiência e transmitido com clareza às próximas gerações. Sim, isso é extremamente importante, mas não é o único ponto. Esse é um processo que envolve responsabilidade, educação financeira, estratégias jurídicas e tributárias, sempre com o olhar voltado ao futuro – e ensinar isso aos seus herdeiros é um desafio.

Infelizmente, muitas famílias ignoram a importância dessa educação financeira e, mais ainda, do planejamento estratégico. É frequente ver patrimônios significativos se dissiparem rapidamente após a morte do fundador por falta de conhecimento e organização sucessória adequada. Essa situação gera perdas financeiras irreparáveis, conflitos familiares e deterioração dos relacionamentos interpessoais.

A ausência de educação financeira é um fator crítico. Herdeiros despreparados podem tomar decisões precipitadas ou equivocadas, colocando em risco tudo que foi acumulado ao longo dos anos. A falta de preparo financeiro dos sucessores pode resultar em perda de patrimônio e vulnerabilidade perante oportunistas ou fraudes financeiras.

Muitos se preocupam em apenas acumular bens, sem preparar os herdeiros para administrá-los. É muito comum vermos fazendeiros extremamente prósperos que enviam os filhos para estudar "na capital" ou no exterior, somente para vê-los abandonar todo o patrimônio criado pela família.

Além disso, há quem deixe de tomar atitudes preventivas (como a elaboração de testamentos, planos de previdência ou seguros de vida) por achar esses temas "mórbidos" ou "distantes". Porém, nós temos que encarar a triste realidade: todos nós iremos morrer. Até o momento não inventaram nenhum "elixir da vida" que nos permita viver para sempre. Portanto, é melhor pensar que a vida é finita e que precisamos nos preparar para quando o momento chegar.

Essa falta de planejamento e diálogo pode gerar conflitos familiares, perda de patrimônio, insegurança e até rupturas emocionais profundas. O estresse provocado por discussões sobre divisão de bens, por exemplo, faz com que muitas famílias percam não apenas dinheiro, mas também laços afetivos. A sucessão não planejada cria gargalos que podem inviabilizar negócios, arruinar riquezas e semear discórdias.

É o caso do filho que segue trabalhando na fazenda enquanto os irmãos vão estudar no exterior. Ele entende que tem mais direito, afinal, foi quem ficou ao lado do pai trabalhando para pagar as contas enquanto os irmãos surfavam em Bali. Consegue ver o conflito se formando?

Diante desse cenário, torna-se fundamental estabelecer uma estratégia robusta de planejamento patrimonial. É indispensável educar, desde cedo, todos os envolvidos no processo sucessório sobre as responsabilidades financeiras e as ferramentas que irão auxiliá-los na gestão do patrimônio herdado.

Criar um legado financeiro duradouro é, em essência, estabelecer um propósito claro para o patrimônio construído. É um investimento de tempo e conhecimento que protege a família das incertezas futuras e promove prosperidade contínua.

Holding familiar

A *holding* familiar é uma empresa constituída para centralizar e administrar os ativos familiares, como imóveis, participações em sociedades e investimentos financeiros. Ao concentrar tudo em uma única estrutura empresarial, reduz-se a complexidade administrativa e facilita-se o controle eficiente do patrimônio familiar.

Além disso, um dos maiores benefícios da *holding* familiar é proporcionar um planejamento sucessório estruturado. Por meio da distribuição das cotas ou ações, fica definido antecipadamente como será feita a transferência do patrimônio aos herdeiros. Dessa forma, conflitos familiares e processos demorados são evitados.

Outro benefício relevante da *holding* familiar é o planejamento tributário. Dependendo da configuração escolhida, é possível obter economias fiscais significativas em comparação com a tributação individual dos ativos. É indispensável contar com assessoria especializada para confirmar a viabilidade dessas vantagens tributárias frente às obrigações legais.

A *holding* também cria uma barreira de proteção contra riscos patrimoniais. Ao transferir bens para a estrutura societária, reduz-se a exposição a processos judiciais ou dívidas pessoais, garantindo uma segurança adicional ao patrimônio.

Além disso, a *holding* facilita uma gestão profissionalizada dos ativos familiares. Com a definição clara de responsabilidades, é possível estabelecer uma governança eficiente e contratações especializadas, proporcionando uma administração mais estratégica e sustentável ao longo do tempo.

Estruturas internacionais: *offshore holdings*, *trusts* e *foundations*

Além da *holding* familiar local, existem opções internacionais que ampliam as possibilidades estratégicas. Uma *offshore holding*, constituída em jurisdições com regimes fiscais atrativos, permite reduzir tributos sobre investimentos internacionais, além de oferecer uma camada adicional de proteção patrimonial.

Já o *trust* é uma estrutura bastante utilizada em países anglo-saxões, onde o patrimônio é transferido para um administrador de confiança (*trustee*), que o gerencia seguindo instruções previamente definidas. Essa forma de gestão garante que os recursos sejam preservados e utilizados adequadamente, conforme a vontade inicial do instituidor.

Outra alternativa moderna e eficaz são as *foundation companies*, que combinam características das empresas e das fundações tradicionais. Essas estruturas são comuns em jurisdições internacionais e permitem uma gestão mais flexível, adaptável às necessidades específicas de famílias, especialmente quando o objetivo inclui perpetuação de valores sociais ou filantrópicos.

Qualquer uma dessas alternativas internacionais, seja *offshore holding*, *trust* ou *foundation company*, requer um acompanhamento rigoroso por profissionais especializados em tributação internacional, compliance e governança corporativa, garantindo a aderência às normas e evitando conflitos com a legislação local e internacional.

É indispensável que essas estruturas estejam alinhadas com o planejamento global familiar, considerando objetivos financeiros, valores éticos e metas familiares. O suporte especializado garante que essas ferramentas sejam aplicadas de forma segura, transparente e eficiente, proporcionando estabilidade patrimonial no longo prazo.

Testamento e doações em vida

O testamento é um documento essencial no planejamento sucessório. Por meio dele, o proprietário do patrimônio pode expressar claramente suas intenções sobre como seus bens devem ser distribuídos após seu falecimento, evitando assim disputas familiares e conflitos prolongados.

É fundamental que o testamento seja revisado periodicamente, especialmente após eventos importantes como casamentos, divórcios, nascimentos ou falecimentos na família. Atualizações regulares asseguram que o documento esteja alinhado com as circunstâncias e as necessidades atuais dos envolvidos.

Paralelamente ao testamento, as doações em vida também são uma ferramenta poderosa para o planejamento sucessório. Elas permitem a transferência antecipada do patrimônio aos beneficiários, proporcionando ao doador a oportunidade de acompanhar e orientar diretamente a administração desses bens.

Essas doações podem incluir cláusulas específicas que protejam tanto o doador quanto os herdeiros, como usufruto vitalício, que permite o uso contínuo do bem pelo doador, ou cláusulas de inalienabilidade, que impedem a venda imediata do bem doado.

É imprescindível que tanto o testamento quanto as doações sejam feitos sob orientação especializada, garantindo sua validade jurídica e efetividade prática. Documentos devidamente registrados e armazenados com segurança tornam esse processo transparente e eficiente.

Seguro de vida e previdência privada

O seguro de vida é essencial para fornecer liquidez imediata à família em caso de falecimento do provedor. Ele garante recursos financeiros imediatos, permitindo aos herdeiros arcarem com despesas urgentes sem depender exclusivamente do processo de inventário, que pode ser lento e burocrático.

Existem diversos tipos de seguros, desde os temporários, mais baratos e específicos, até seguros resgatáveis ou vitalícios, que podem ser adaptados às necessidades de cada família. Avaliar bem o perfil e as condições financeiras é indispensável para a escolha correta.

Os planos de previdência privada também são instrumentos eficazes de planejamento sucessório e financeiro. Além de complementar a aposentadoria, permitem uma transmissão eficiente do patrimônio aos beneficiários, sem necessidade de inventário judicial.

Integrar esses produtos à estratégia financeira familiar permite maior segurança e previsibilidade. É importante, contudo, selecionar planos que estejam alinhados às metas de longo prazo, avaliando taxas, rentabilidade e condições tributárias, garantindo que o produto escolhido realmente atenda aos objetivos do planejamento familiar.

No contexto de legado financeiro, o seguro de vida e a previdência privada devem sempre estar inseridos em uma estratégia mais ampla, integrada a outras ferramentas como testamentos, *holdings* familiares e estruturas internacionais. Dessa forma, é possível alcançar resultados mais sólidos e eficazes.

Se você compreendeu a importância de criar um legado financeiro duradouro e deseja começar agora a estruturar o futuro da sua família, convido você a visitar meu *site.* Lá, você encontrará informações detalhadas sobre minhas especialidades, além de conteúdos que ajudarão a esclarecer suas dúvidas sobre planejamento patrimonial, sucessório e tributário. Acesse o *QR Code* e dê o primeiro passo rumo à proteção e à prosperidade do seu patrimônio familiar.

“Um legado
financeiro duradouro
se faz com estratégia
patrimonial, educação
financeira e valores sólidos
transmitidos às
próximas gerações.”

Roberto Campos

Sandra Frisso

Sou Sandra Frisso, mãe do João, casada com Lídio, filha da Lecy e do Vanderley. E, acima de tudo, filha de Deus. Carrego comigo a gratidão pela família à qual Ele confiou minha história, e que foi minha maior escola de força, valores e fé.

Acumulei mais de uma década de experiência na área administrativa, vivi o que muitos chamariam de sucesso profissional: alto cargo, boa remuneração e estabilidade. Mas a vida me mostrou que sucesso profissional por si só não garante uma vida próspera de verdade. E que nem tudo o que a terra aplaude, o céu se agrada. Fui além das planilhas, metas e performance. Fiz um mergulho profundo no autoconhecimento e me dediquei à inteligência emocional e financeira, o que mudou minha forma de ver o dinheiro, a vida, Deus e a mim mesma.

sandrafrisso

in sandrafrisso

O CÓDIGO DAS

FINANÇAS

26 O SEGREDO DE MULHERES QUE TRANSFORMAM RENDA EM PODER

Por Sandra Frisso

Quando o jogo não faz sentido

Se o seu extrato bancário falasse, ele contaria uma história que a orgulha? Por muito tempo, o meu não contava. Apesar da boa renda, ele revelava uma mulher que vivia no piloto automático, distante do que ganhava, sem direção clara e sem conexão com o propósito de uma vida verdadeiramente próspera. E, talvez, essa também pode ser a sua história hoje.

Afinal, quantas vezes você já se pegou evitando olhar o saldo da conta? Ou sentindo culpa por gastar com algo que lhe dava prazer? Quantas vezes tentou organizar sua vida financeira, mas acabou frustrada por não conseguir manter aquilo que se propôs a mudar?

Crescemos ouvindo que as finanças eram território masculino, que falar sobre dinheiro era feio, ou que bastava "não gastar demais". Mas a verdade é que o dinheiro sempre esteve presente em nossas vidas como um reflexo silencioso das nossas escolhas, da nossa autoestima e da nossa liberdade.

Foi somente quando comecei a olhar com mais atenção para a minha mentalidade financeira que descobri um dos maiores segredos: transformar renda em poder não tem a ver, necessariamente, com ganhar mais, e sim com se apropriar da sua história, da sua mente e das suas decisões financeiras.

Neste capítulo, revelo um pouco do que você precisa para vencer no jogo do dinheiro, mas que não te contam por aí. Quero mostrar que você também pode comandar sua vida financeira com clareza, estratégia e liberdade.

O momento da virada

Por muito tempo, tentei resolver minha vida financeira pelo lado de fora: planilhas, metas, cortes... Mas, mesmo com boas ferramentas, os resultados não eram consistentes. Eu ganhava relativamente bem, mas parecia que nunca era suficiente. Sempre precisava de mais, mas nem eu sabia exatamente do quê. Era como maquiar o rosto sem antes cuidar da pele por baixo.

A virada de chave aconteceu quando compreendi que dinheiro não é somente números. Dinheiro é também comportamento, emoção e identidade. Uma analogia que ajuda a entender essa dinâmica é a do *iceberg*. A parte visível da nossa vida financeira — como renda, contas, dívidas e metas — representa apenas uma pequena fração do todo, como quando avistamos um *iceberg*. Os fatores que realmente comandam nossas decisões estão submersos: crenças, experiências passadas, emoções não resolvidas, autoestima e visão de merecimento.

A forma como lidamos com o dinheiro carrega histórias e padrões invisíveis que nos sabotam, mesmo quando temos as melhores intenções. E mais, o verdadeiro poder financeiro não começa na conta bancária, mas no espelho – no olhar que temos sobre nós mesmas, nossas escolhas e nosso valor.

Percebi que apenas "tentar me organizar" só me fazia girar em círculos, frustrando-me ainda mais. Eu precisava mergulhar mais fundo. Comecei a estudar mentalidade financeira, comportamento e desenvolvimento humano, e assim acessei respostas que mudaram minha visão sobre o dinheiro, a vida e a minha própria história.

Decifrando meu código financeiro

Trilhei um caminho que unia autoconhecimento e inteligência financeira. Foi quando tudo começou a fazer sentido. Percebi que deter conhecimentos técnicos, dominar ferramentas como planilhas e aplicativos financeiros e conhecer o vasto arsenal teórico das finanças tradicionais era importante, mas insuficiente. Eu seguia instruções que faziam sentido no papel, mas que não se sustentavam na minha rotina real e na forma como me relacionava com o dinheiro.

O jogo começou a mudar quando reconheci que precisava olhar para quem eu era por trás dos números. Eu precisava saber: quem é a mulher que ganha, gasta, evita ou decide? Que histórias, emoções e comportamentos conduzem cada escolha financeira?

Foi nesse processo de mergulho interno e aplicação prática que fui, passo a passo, construindo o método que hoje estrutura minha forma de pensar, agir e ensinar sobre finanças. Um método que não nasceu apenas dos livros, mas da minha própria jornada: das formações que escolhi com intenção, das ferramentas que testei e validei, e dos ajustes que realizei com consciência.

Essa metodologia integra autoconhecimento, diagnóstico comportamental, organização financeira, planejamento alinhado ao estilo de vida, decisões conscientes, hábitos sustentáveis e fortalecimento emocional da mulher. Uma combinação que, quando colocada em prática, transforma não apenas os números, mas a forma como a mulher se vê, decide e constrói sua nova realidade com clareza, liberdade de escolha e protagonismo financeiro.

Ferramentas que revelam o segredo

A seguir, compartilho algumas ferramentas poderosas que ajudam mulheres determinadas a transformarem renda em poder. Essas ferramentas, quando executadas de maneira intencional, rompem com o piloto automático, fortalecem a autonomia e constroem uma nova relação com o dinheiro. Afinal, se a riqueza não vier de dentro, ela não vai se sustentar do lado de fora.

Ferramenta 1: diário da gratidão ativa

Todos os dias, escreva três motivos de gratidão em um caderno exclusivo para esse fim. Use frases começando com "Sou grata por...", dividindo em três categorias.

1. **Gratidão pelo que você já tem.**

   Exemplo: "Sou grata por ter uma casa confortável".

2. **Gratidão por quem você é.**

   Exemplo: "Sou grata por ser determinada".

3. **Gratidão pelo que está construindo.**

   Exemplo: "Sou grata pela liberdade financeira que estou alcançando".

Reserve um momento do seu dia (pela manhã ou antes de dormir) para essa prática. Após escrever, releia sua lista completa em voz alta. Esse ato reforça mentalmente o que já é real e fortalece a conexão com o que está em processo de realização.

Por que funciona: a gratidão redireciona seu foco para a abundância já existente, aumenta o senso de merecimento e ajuda a cultivar uma mentalidade mais positiva e fortalecida. Essa simples prática muda a forma como você enxerga seus recursos, suas conquistas e suas possibilidades.

Ferramenta 2: lista de metas com propósito

Liste metas financeiras que estejam conectadas ao estilo de vida que você deseja ter. Coloque sempre o propósito desse dinheiro: "Por que isso é importante para mim?". Quando você entende o porquê por trás do que deseja conquistar, suas decisões ficam mais estratégicas e sua motivação, mais firme.

Faça a sua lista de metas em uma tabela, folha ou caderno. Deixe-a visível e releia com frequência. Seu "porquê" é o que sustenta sua disciplina.

Meta	Prazo	Valor total	Valor mensal	Por que isso é importante para mim?
Intercâmbio	Curto (6 meses)	R$ 12.000,00	R$ 2.000,00	Expandir meus conhecimentos.
MBA	Médio (2 anos)	R$ 24.000,00	R$ 1.000,00	Crescer na carreira e aumentar minha renda.
Investir em um negócio próprio	Longo (5 anos)	R$ 60.000,00	R$ 1.000,00	Alavancar minha independência financeira.

Por que funciona: essa ferramenta reforça o foco, fortalece seu compromisso com o que realmente importa para você e torna sua jornada financeira mais consciente, motivadora e alinhada com os seus valores e objetivos.

Ferramenta 3: roteiro financeiro da mulher próspera

Essa ferramenta propõe um modelo financeiro estratégico para você direcionar sua renda com intenção e propósito. A ideia aqui não é propor fórmulas prontas; você pode ajustar os percentuais, mas mantenha a lógica dos seis pilares.

Use a tabela abaixo como um guia para direcionar sua renda mensal. O mais importante aqui não é a exatidão matemática, mas o fortalecimento de um comportamento financeiro intencional.

Pilar	Percentuais sugeridos	Objetivo
Pagar-se primeiro	5%	Valorizar suas conquistas e nutrir sua autoestima com consciência.
Investir na sua liberdade	10%	Construir patrimônio, ampliar recursos e alavancar sua independência financeira.
Doar com propósito	10%	Contribuir com o mundo de forma alinhada aos seus valores.
Assumir seus compromissos	60%	Honrar despesas fixas e variáveis com organização e responsabilidade.
Financiar seus sonhos	10%	Investir em sonhos que traduzem seu estilo de vida desejado, como viagens, carro ou projetos pessoais.
Usufruir com leveza	5%	Para usar, sem culpa, com o que dá prazer ou faça sentido para você.

Por que funciona: essa ferramenta ajuda você a usar o seu dinheiro com estratégia e intenção. Cada pilar representa uma direção clara para onde sua renda pode ser destinada com propósito, fortalecendo sua autonomia e ativando uma mentalidade próspera em sua vida.

Você é o código

Transformar renda em poder não é um privilégio de poucas. É uma decisão de quem escolhe viver com intenção, coragem e consciência. E isso começa no momento em que você se enxerga com mais profundidade, assume o comando das suas escolhas e passa a se relacionar com o dinheiro a partir de um novo lugar: mais estratégico, mais autêntico, mais seu.

Se tem algo que aprendi, na teoria e na vida, é que não basta apenas querer mais: é preciso sustentar essa escolha com novas atitudes, novos critérios e novos compromissos consigo mesma, porque o segredo que realmente transforma sua renda em poder começa do lado de dentro: na forma como você se valoriza, se prioriza e se posiciona diante da vida.

É quando você alinha mente, ação e propósito que começa a reescrever sua história financeira com liberdade, clareza e poder pessoal. Nesse momento, não é mais o dinheiro que dita seu caminho, mas é você quem escolhe o seu destino.

Agora que você tem consciência, ferramentas e direção, só falta uma coisa: jogar esse jogo com coragem. Porque o poder para decifrar esse código está em você.

E, se você deseja mais do que inspiração e quer finalmente acessar o seu poder financeiro, encontre-me nas minhas redes sociais. É lá que continuo esse movimento com mulheres que decidiram mudar sua relação com o dinheiro, de dentro para fora.

BIBLIOGRAFIA

CERBASI, G. *Dinheiro*: os segredos de quem tem. São Paulo: Sextante, 2019.

HOUSEL, M. *A psicologia financeira*. Rio de Janeiro: HarperCollins, 2021.

OURIVES, E. *DNA do dinheiro*. São Paulo: Buzz Editora, 2024.

VIEIRA, P. *Criação de riqueza*. São Paulo: Gente, 2021.

"Nada se sustenta do lado de fora se o seu poder não for ativado do lado de dentro."

Sandra Frisso

Shirlei Domingos Silva

Prazer, sou Shirlei Domingos, casada com Anderson e mãe da Sara e do Arthur. Sou administradora de empresas, mestre em Administração e pós-graduada em Controladoria e Finanças. Também me especializei em Educação Financeira, Estratégia e Negociação de Dívidas, Finanças Comportamentais e Gestão Avançada de Processos.

Ao longo de mais de 29 anos de experiência, atuei com gestão de pessoas, gerência financeira, gestão de projetos e como professora universitária. Toda essa trajetória me trouxe até aqui, consolidando minha atuação como empresária, palestrante, mentora e consultora.

Meu propósito é claro: usar meu conhecimento e minha experiência para ajudar empresas e pessoas a transformarem seus resultados, suas vidas e suas realidades.

shirleidomingossilva
+55 (31) 97509-7675
Shirlei Domingos Silva
shirleicds11@gmail.com

O CÓDIGO DAS
FINANÇAS

27 CHEGA DE DÍVIDAS! DEZ PASSOS PARA VIRAR O JOGO

Por Shirlei Domingos Silva

Por muitos anos, eu vivi achando que trabalhar para pagar contas era normal. Parcelava uma compra aqui, um financiamento ali, usava o cartão para completar a renda e seguia a vida. Mesmo com bons salários, nunca conseguia juntar dinheiro. Até que um dia, percebi que estava presa em um ciclo interminável de contas e preocupações financeiras.

O problema não era quanto eu ganhava, mas como eu administrava o meu dinheiro. O endividamento começou com pequenas decisões e, sem controle, virou uma bola de neve. As dívidas deixaram de ser números e afetaram minha saúde emocional, meus relacionamentos e minha paz. O fato é que só enxergamos a gravidade quando já estamos no caos, sem clareza de como sair. Faltava para mim planejamento e acesso à educação financeira. Como muitos, fui levada pelo sistema que estimula o consumo e lucra com nossa desinformação. Caí nos parcelamentos infinitos, juros altos e no crédito fácil. E, como é de praxe, tentei resolver uma dívida fazendo outra, criando um ciclo vicioso e difícil de romper.

Minha virada aconteceu quando meu filho, chorando, perguntou: "Você promete, mãe?". Prometi comprar um brinquedo, mas no fundo eu sabia que não iria cumprir aquela promessa, porque não tinha o dinheiro necessário. Ali, decidi que não viveria mais refém das dívidas. Eu precisava de uma saída. E foi exatamente a isso que me dediquei: como retomar o controle da minha vida financeira.

Na prática, como eu saí das dívidas?

Entre erros e acertos, cheguei a dez passos que me ajudaram a desenvolver novos hábitos e sair do ciclo das dívidas. No começo foi difícil, mas com disciplina e persistência, percebi que era possível transformar minha realidade – e consegui!

Agora, quero compartilhar esse caminho com você que, talvez, não esteja vendo uma saída. Saiba: há solução! Se eu consegui, você também consegue. Basta decidir fazer diferente! E meu caminho foi assim:

Passo 1: identificar a causa das dívidas

Antes de qualquer ação prática, tente entender a origem do seu endividamento. Nem sempre ele vem apenas do descontrole financeiro (como perda de emprego, emergências, divórcio, problemas de saúde ou queda da renda sem planejamento). Muitas vezes, envolve fatores emocionais e padrões comportamentais, como consumo impulsivo para aliviar a ansiedade, falta de organização financeira que leva ao uso excessivo do crédito, e crenças como "eu mereço" e "depois resolvo"; isso faz com que muitos assumam dívidas sem avaliar os riscos.

Para sair e não voltar às dívidas, é preciso reconhecer esses comportamentos, ajustar hábitos e buscar apoio, se necessário. O objetivo não é só pagar as dívidas, mas evitar repeti-las.

Passo 2: levantar as dívidas

Esse foi um dos momentos mais desafiadores: encarar as dívidas de frente. A negação traz alívio temporário, mas só piora a situação. É importante ter clareza – listar todas as dívidas, valores, credores, juros, prazos e atrasos; verificar encargos e cobranças indevidas.

Só com uma visão completa será possível traçar estratégias eficazes para retomar o controle e sair das dívidas.

Passo 3: estudar as dívidas

Estudar as dívidas foi essencial para que eu pudesse negociar com mais segurança. É importante calcular o valor justo, considerando possíveis juros abusivos e se existem cláusulas sobre renegociação, portabilidade ou até revisão judicial em caso de cobrança indevida. Ao demonstrar conhecimento sobre sua dívida, seus direitos e sobre o mercado, você aumenta as chances de obter descontos e condições melhores com os credores. Uma análise criteriosa pode reduzir e muito o valor devido e tornar a quitação mais acessível.

Passo 4: analisar as consequências do não pagamento

Cada dívida tem uma consequência específica se não for paga. Algumas podem resultar em juros altíssimos, perda de bens, corte de serviços essenciais (que afetam a rotina e a qualidade de vida), ou restrição de crédito. Compreender essas consequências me ajudou a definir quais dívidas deveriam ser priorizadas para pagamento.

Passo 5: avaliar o risco de cada dívida

Nem todas as dívidas têm o mesmo peso. Algumas representam riscos graves à segurança financeira (e até física), enquanto outras permitem mais flexibilidade. Para lidar com elas de forma estratégica, foi essencial entender o grau de risco envolvido para mim como devedora, considerando as consequências do não pagamento e a urgência em resolver cada uma.

Cheguei em cinco tipos de riscos:

- **risco máximo:** dívidas com agiotas ou credores informais, com ameaça à integridade física;
- **risco altíssimo:** contas essenciais (água, luz, aluguel etc.), cujo atraso compromete a sobrevivência ou a operação da empresa;
- **risco alto:** dívidas com bens em garantia ou com avalista, que podem gerar perdas patrimoniais;
- **risco médio:** dívidas com amigos ou familiares, que afetam relações pessoais;
- **risco baixo:** dívidas bancárias sem garantia, com impacto menor e maior chance de renegociação.

Passo 6: definir a prioridade de pagamento

Após classificar o risco das dívidas, fica mais fácil priorizar e estabelecer uma ordem de quitação. Priorize aquelas que representam risco máximo, seguidas pelas de risco altíssimo, alto, médio e baixo, nessa ordem. Para isso, enumere as dívidas em ordem crescente. Essa organização me impediu de tomar decisões impulsivas na hora de quitar alguma dívida de risco baixo quando recebia as inúmeras cobranças.

Passo 7: calcular capacidade de pagamento

Essa é a hora de entender sua real capacidade financeira. O objetivo é saber, após receber e pagar as contas essenciais, quanto sobra no orçamento do mês para quitar as dívidas e, caso não sobre, quais ações necessárias devem ser tomadas para que passe a sobrar. Assim:

- **levante entradas e saídas do mês:** liste e some todas as despesas essenciais (moradia, alimentação, transporte, contas, lazer etc.). Para empresa, inclua custos operacionais, como mão de obra, aluguel e manutenção. Em seguida, liste e some todas as receitas: salários, comissões, trabalhos extras, vendas e outras entradas.

- **faça um diagnóstico financeiro:** subtraia o total de despesas do total de receitas e analise o resultado. Este pode ser: 1) positivo: receita maior que despesa; 2) zero a zero: receita igual à despesa (exige atenção, pois qualquer emergência poderá gerar endividamento); 3) negativo: receita menor que despesa. Este foi o meu resultado. Veja qual será o seu.
- **defina metas e faça ajustes:** nas despesas, verifique o que pode ser "reduzido", "substituído" ou "cancelado". Corte gastos desnecessários, reavalie prioridades e reduza desperdícios. Sobre as receitas, avalie o que pode ser aumentado ou o que pode gerar novas entradas. O objetivo é sobrar mais dinheiro para quitar dívidas. Se o seu resultado foi positivo, parabéns! Use esse excedente para formar sua reserva financeira.
- **faça seu planejamento:** aqui, organize seu planejamento financeiro para os próximos doze meses, considerando as metas de despesas e receitas da etapa anterior. Eu usei uma planilha, mas você pode usar caderno ou agenda também. O importante é calcular, mês a mês, o saldo entre receitas e despesas, e garantir que os ajustes resultem em saldo positivo.
- **calcule sua capacidade de pagamento:** isso é essencial para evitar promessas que não poderão ser cumpridas, pois o saldo positivo será destinado à quitação das dívidas. Mas não use 100% desse saldo, pois deve-se sempre ter em mente que imprevistos podem surgir e gerar novos endividamentos. Por isso, divida esse valor entre reserva de emergência e pagamento das dívidas. Como referência, você pode usar, respectivamente, 25% e 75% para pessoa física, e 40% e 60% para jurídica. A porcentagem pode variar conforme o caso.

Passo 8: encontrar a melhor estratégia

Chegou a hora de avaliar as opções e definir a melhor estratégia. Não existe fórmula mágica: cada dívida tem suas particularidades, e eu levei algum tempo para entender isso. Analise valor, credor, contrato e capacidade de pagamento. Com base nisso, cheguei em algumas estratégias que podem ser utilizadas: 1) blindagem do salário e proteção de conta contra bloqueios; 2) uso de conta essencial gratuita (Resolução Bacen 3.919/2010); 3) geração de renda extra; 4) aplicação de bola de neve reversa para reduzir juros; 5) negociação direta; 6) troca de dívidas caras por mais baratas e de riscos menores; 7) portabilidade para bancos com juros menores; 8) contestação de taxas abusivas; 9) Lei do

Superendividamento com orientação jurídica; 10) repactuação de débitos; 11) ação judicial, se necessário.

Passo 9: realizar as negociações

Negocie com consciência. Proponha condições realistas ao seu orçamento. Sempre peça redução de juros e isenção de encargos. Compare opções antes de fechar o acordo, exija tudo por escrito e fuja de propostas que gerem novas dívidas.

Passo 10: montar um plano de quitação mensal e monitoramento

Registre cada negociação e inclua os valores no seu planejamento para evitar atrasos. É importante definir um momento para monitorar os gastos, a redução das dívidas, e fazer ajustes no plano. Quitar as dívidas é apenas o começo. Além disso, é essencial adotar hábitos saudáveis, criar reservas e tomar decisões conscientes para evitar novos endividamentos.

Você pode mudar sua realidade financeira

As dívidas podem parecer um labirinto sem saída, um peso que o acompanha todos os dias e o impede de viver em paz. Mas saiba que você pode recuperar o controle do seu dinheiro e construir um futuro próspero. Você não é endividado, você está endividado, e o verbo estar é passageiro desde que você decida fazer diferente.

Estes dez passos me ajudaram e podem fazer o mesmo por você, além de evitar que volte a se endividar no futuro. A escolha é sua. Você pode continuar carregando esse fardo ou dizer chega. Você não está sozinho! Eu sei que sair das dívidas parece um desafio solitário, mas a verdade é que ter orientação pode tornar essa jornada mais leve. Eu posso ajudar você! Acompanhe-me nas redes sociais e, se fizer sentido, entre em contato comigo. Eu o ajudo a organizar suas finanças e assumir o controle da sua vida financeira. A sua transformação começa agora!

BIBLIOGRAFIA

BANCO CENTRAL DO BRASIL. Resolução nº 3.919, de 25 de novembro de 2010. Altera e consolida as normas sobre cobrança de tarifas pela prestação de serviços por parte das instituições financeiras e demais instituições autorizadas a funcionar pelo Banco Central do Brasil e dá outras providências. *Diário Oficial da União*, Brasília, DF, 25 nov. 2010.

"Estar endividado é uma fase, não uma sentença. Com atitude e direção, você pode virar o jogo. Decida fazer diferente e viva a prosperidade!"

Shirlei Domingos Silva

Telma Cintia

Meu nome é Telma Cintia, moro na Califórnia desde 2017. Imigramos com o plano de trazer a empresa do meu marido, Simão Luz, mas o caminho tomou outro rumo. Percebi que, sem mudar a mentalidade, era fácil passar anos no trabalho duro sem construir nada.

Comecei minha jornada nos investimentos e na educação financeira focando inicialmente o Brasil. Porém, logo entendi que o mais estratégico era proteger o patrimônio nos EUA. Mesmo com a barreira do idioma, investir aqui se mostrou mais rentável – afinal, o objetivo não é apenas investir, mas fazer o dinheiro trabalhar com segurança.

Neste capítulo, vou mostrar a importância da diversificação de moeda e economia, mesmo que você viva no Brasil ou em outro lugar do mundo.

telmacintia

Telma Cintia

telmacintia@gmail.com

28 DIVERSIFICAÇÃO: PROTEGENDO O SEU PATRIMÔNIO

Por Telma Cintia

Quando se trata de investimentos, muitas pessoas ainda acreditam que manter todo o dinheiro em um único país, sem variar o mercado ou a moeda é seguro. No entanto, essa estratégia pode ser um dos maiores riscos para o patrimônio a longo prazo.

Considerando que ao decidir investir a pessoa deseje aliar rentabilidade e segurança – que em geral são inversamente proporcionais –, devemos ter em mente outra coisa que está nessa mesma composição: a fórmula risco *versus* rentabilidade – quanto maior o risco (volatilidade), maior o retorno. Quando falamos sobre risco, devemos compreender também que maior complexidade e maior dedicação de tempo com os investimentos não acarreta, necessariamente, em mais dinheiro no bolso; falaremos sobre isso mais para frente.

Como muitas pessoas entendem que a renda variável traz certa insegurança, elas optam pela renda fixa brasileira, que na verdade não está livre de risco – apenas passa essa sensação.

Ao falar de renda fixa, há a ilusão de que a renda fixa brasileira é segura, já que ela figura acima do índice de risco *versus* volatilidade. A realidade é que a renda fixa brasileira paga mais do que a renda fixa americana justamente pelo risco, e não estou falando sobre volatilidade, estou falando do risco de *default* (inadimplência) do Brasil em honrar suas contas públicas e simplesmente anunciar que não está apto a honrar os títulos do Tesouro Nacional.

O Brasil tem um histórico de inadimplência e reestruturações de dívidas, seja na forma de suspensão de pagamentos, restrição imposta ou a inflação descontrolada que corrói o valor real dos investimentos; é exatamente por esse motivo que a renda fixa brasileira precisa pagar mais – caso contrário, não haveria interesse das pessoas e instituições em comprar títulos brasileiros.

A instabilidade econômica, a desvalorização da moeda local e a falta de alternativas tornam o investidor vulnerável a crises internas e perdas inesperadas; por isso, cada vez mais brasileiros que vivem no Brasil têm buscado estar no mercado de investimentos americano.

A consequência disso é clara: quem concentra seus investimentos em um único mercado fica exposto a riscos que poderiam ser reduzidos com uma estratégia de diversificação global.

Se você nasceu antes da década de 1990, é mais velho do que o Real. Será que em dez ou vinte anos ainda chamaremos a nossa moeda de Real?

Investir internacionalmente não é um luxo, mas uma necessidade. Diversificar entre diferentes países e moedas protege o patrimônio contra crises locais e amplia as oportunidades de crescimento. O mercado americano, por exemplo, abriga as maiores empresas do mundo, oferecendo segurança.

A diversificação de investimentos é um dos princípios fundamentais para reduzir riscos e aumentar as chances de retorno sustentável a longo prazo. No mercado financeiro dos Estados Unidos, essa estratégia se torna ainda mais poderosa devido à vasta gama de opções disponíveis para os investidores.

Por que diversificar?

Investir em um único ativo ou setor pode ser arriscado, pois qualquer variação negativa pode comprometer significativamente o capital investido. A diversificação distribui os riscos entre diferentes classes de ativos, tornando a carteira mais resiliente às oscilações do mercado.

<u>Principais classes de ativos para diversificação nos EUA</u>

- Ações (*stocks*): são pedaços de uma empresa que qualquer pessoa pode comprar. Quando você compra uma ação, você se torna dono de uma parte daquela empresa e pode lucrar se ela crescer ou pagar dividendos.
- Fundos de índice (*Exchange-Traded Funds* – ETFs): para quem busca exposição a um mercado amplo sem precisar escolher ações individuais, os ETFs são uma excelente alternativa. Opções populares incluem SPY (S&P 500), QQQ (Nasdaq 100) e VTI (mercado total dos EUA).
- Imóveis (*Real Estate Investment Trusts* – REITs): oferecem acesso ao setor imobiliário sem a necessidade de comprar propriedades físicas. Eles distribuem a maioria dos seus lucros na forma de dividendos, tornando-se uma opção atrativa para investidores que buscam renda passiva.
- Renda fixa (*bonds* e títulos do Tesouro): títulos do Tesouro Americano (*treasury bonds*) e títulos corporativos oferecem segurança e previsibilidade de retorno, sendo uma opção essencial para equilibrar o risco da carteira.

Como montar um estrategia de diversificação

- Definir objetivos financeiros claros e um horizonte de investimento.
- Equilibrar a alocação entre ativos de risco e ativos mais conservadores.
- Rebalancear periodicamente a carteira para manter a diversificação eficiente.
- Considerar investimentos internacionais para ampliar a proteção contra riscos locais.

Diversificação não é diluição

Muitos investidores acreditam que diversificar significa apenas comprar várias ações, mas isso pode diluir a rentabilidade se feito sem ganhos. O erro mais comum é concentrar-se em ativos do mesmo setor sem perceber, o que acaba levando a muita volatilidade e menos rentabilidade.

Há onze principais setores para se investir no mercado americano. Esse número torna bem desafiadora a diversificação, uma vez que a quantidade de ativos diferentes em uma carteira de investimentos gira entre oito e dez.

Para evitar isso, é essencial estudar e entender que a forma de investir nos EUA difere da forma de investir no Brasil, e que a diversificação também deve seguir esse raciocinio. Trouxe este gráfico que ilustra como a diversificação pode ser feita de maneira estratégica, sem comprometimento:

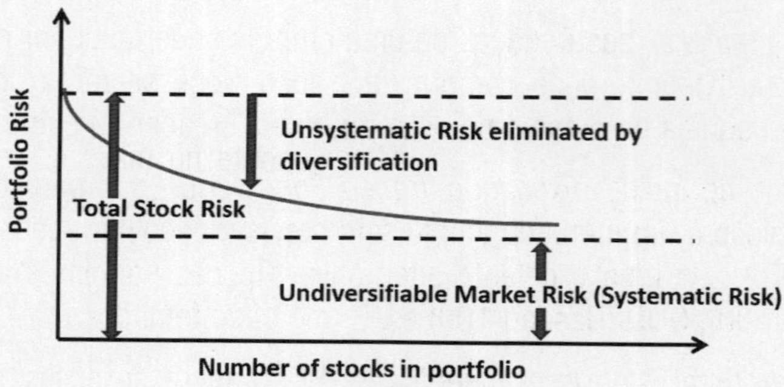

Fonte: Investment Moats.

Motivos para investir nos EUA

Ao investir, muitos olham apenas para os números: rentabilidade, volatilidade e dividendos. Mas o que poucos percebem é que o desempenho dos investimentos está profundamente ligado a fatores maiores, como a economia de um país, sua moeda, políticas governamentais e posições geopolíticas.

Afinal, um investimento seguro hoje pode se tornar arriscado amanhã se a economia do país entrar em colapso, se sua moeda perder valor ou se decisões políticas interferirem no mercado. Da mesma forma, as crises globais podem afetar o crescimento de setores inteiros, enquanto as mudanças políticas podem favorecer determinados ativos.

Estes são os principais motivos para construir o seu patrimônio na Bolsa de Valores americana:

- é a economia de referência mundial;
- tamanho do mercado americano. Se considerassemos a B3 (todas as empresas brasileiras listadas em bolsa juntas), como empresa americana, ela estaria em sétimo lugar entre as maiores dos Estados Unidos;
- opções de diversificação. Existem setores nos Estados Unidos que não existem no Brasil;
- dolarização dos seus investimentos. O dólar é a moeda mais desejada do mundo e amplamente utilizada como reserva de valor, pois seu poder e estabilidade ao longo do tempo garantem segurança;
- possibilidade de investir no mundo inteiro. Ao adquirir uma ação do Google, por exemplo, o investidor está, indiretamente, exposto ao mercado global, já que a empresa opera em diversas economias ao redor do mundo;
- poder bélico. Os EUA são o país que mais destina verba ao poder bélico, garantindo uma força militar robusta e, consequentemente, maior influência geopolítica.

Corretora americana ou brasileira?

Tenha atenção aos serviços de investimento internacional oferecidos pelas corretoras brasileiras. Para investir diretamente no mercado americano, é necessário converter reais em dólares e adquirir ativos dos EUA – algo que só é possível por meio de corretoras americanas.

Como fazer isso da forma mais simples e rentável que existe?

Eu costumo brincar que milagre não existe nos investimentos – milagres seriam em outro departamento –, mas a mágica... ah! a mágica está nos juros compostos, que fazem um trabalho lindíssimo ao nosso favor e, aliados ao tempo e aos aportes regulares, podem ser até confundidos com milagre, embora não sejam. Sabe o que é mais impressionante? A simplicidade de investir nos EUA, justamente por esses pontos pelos quais passamos.

Um tópico fundamental ao investir nos EUA é a hipótese dos mercados eficientes (HME), formulada em 1970 por Eugene Fama, laureado com o Nobel de Economia e difundido por muitos autores, como John Bogle (2020), em seu livro *O investidor de bom senso*, e Robert Shiller, também laureado com o Nobel de Economia – que, inclusive, foi meu professor no curso de Finanças na Universidade de Yale.

Além disso, o renomado e bem-sucedido Warren Buffett colocou essa abordagem à prova com uma famosa aposta em 2007 (Tolotti, 2017); tratava-se, basicamente, das seguintes condições: se o investidor seguisse os fundamentos da HME a longo prazo, ele ganharia mais dinheiro do que qualquer grande gestor profissional de fundos – e, de fato, ele ganhou a aposta contra Ted Seides, ex-cogerente da Protégé Partners, o único corajoso que aceitou o desafio.

Na prática, investir no mercado americano de forma simples e eficiente a longo prazo pode ser feito com apenas um ativo que represente toda a bolsa dos EUA. Seria como comprar um ativo como o ETF VOO todos os meses por pelo menos dez anos e deixar o dinheiro crescer, em vez de tentar encontrar a "agulha no palheiro" – afinal, "por que não levar o palheiro inteiro?", como disse John Bogle (2020, p. 75) em seu livro.

É simples assim, basta ter uma conta em uma corretora americana e investir com disciplina e constância usando a metodologia mais simples e mais rentável que existe. Mas atenção! Não use essa mesma estratégia em outros mercados não eficientes; investir no Brasil, por exemplo, exige uma abordagem diferente e mais complexa.

Lembrando que a renda fixa tem a sua importância até quando usamos a HME, e que também é possível usar a renda fixa americana por meio dessa corretora.

BIBLIOGRAFIA

BOGLE, J. C. *O investidor de bom senso*: a melhor maneira de garantir um bom desempenho no mercado de ações. 1. ed. Rio de Janeiro: Sextante/GMT, 2020.

TOLOTTI, R. Warren Buffett ganha US$ 2 milhões com uma aposta feita 10 anos atrás. *Infomoney*, 20 set. 2017. Disponível em: https://shre.ink/eR2G. Acesso em: 8 maio 2025.

"Ninguém quer apenas investir; queremos ver nosso dinheiro crescer e garantir nosso futuro."

Telma Cintia

EDITORA
CHAVE MESTRA®

Instagram: @editorachavemestra

E-mail: editora@editorachavemestra.com.br

***Site*:** www.editorachavemestra.com.br